正五行擇日精義高階

（附日課精解）

繼大師 著

正五行擇日精義高階——(附日課精解)

繼大師

自序

繼大師

筆者繼大師，承恩師　呂克明先生授與風水及擇日之學，至今已有一定的認識，曾將自己所學的，筆之於書，至二〇〇五年間，已出版了四本有關術數之書籍，至今（乙酉年季春）仍不忘寫作，因習山水畫，故寫術數書已大不如前，但仍希望以山水畫去表達風水之真龍吉穴，看圖能明白真義，這是筆者將來對風水書寫作的祈望。

任何學術，必有其階段，一步步走，根基始能穩固，此書以正五行擇日法之日課為例，分析日課，為擇日法之高級階段，由正五行擇日法初階、中階、進階、心法秘要至高階，可以說是**《擇日學教科書》**，依此階段學習正五行擇日法，定能深入擇日之道，此書以日課課例為主，其中有過去及未來的日課，亦有吾師　呂克明先生之真實日課例子，內容詳細，解說清楚，此擇日法之準確程度，實在非常細微，適合職業風水師參研。本書以日課課例為主，故取名為：

《正五行擇日精義高階》——（附日課精解）

凡給人擇日，是給人家解厄增福，這要背負人家的因果，故需本身要具備功德力，外行佈施，內修禪密真言最好，亦可多頌經咒，以保護自己及迴向眾生，善行善念，自然有應，否則福報享盡，凶禍立見，慎之！慎之！

筆者繼大師一再聲明：凡用《正五行擇日精義高階》內容及精髓與人擇日造葬作業餘或職業，或教授本書內容作賺取利益，其人若行於正道，則其功德自作，福報自享。

凡用《正五行擇日精義高階》內容及精髓與人擇日造葬作業餘或職業，或教授本書作賺取利益，若騙人金錢、取人利益、騙財騙色，其人所作惡事，業報自受，與作者繼大師無關。此書是筆者第廿本著作，祈望於未來能全數出版，並能寫作不斷，發揚中華五術文化之學，是為序。

寫一偈曰：

擇日之學
當以次第
力以功德
解眾生厄

繼大師寫於香港明性洞天
二〇〇五年歲次乙酉季春

附錄：因出版「《正五行擇日精義》、《大地風水傳奇》、《風水巒頭精義》及《風水祖師將大鴻史傳》」之丹青出版社已結業，故筆者日後將會重新整理。《正五行擇日精義》一書，由《正五行擇日精義初階及中階》代替之，故不再版。其他三本書，會加以整理編輯，待適當時間，將會由〈榮光園出版社〉再行出版。

榮光園文化中心出版有：

正五行擇日系列：

《正五行擇日精義初階》

《正五行擇日精義中階》

風水巒頭系列：

《龍法精義初階》

《龍法精義高階》

正五行擇日系列：

《正五行擇日精義進階》

《正五行擇日秘法心要》

《紫白精義全書初階》

《紫白精義全書高階》附《紫白原本錄要》及八宅詳解

《正五行擇日精義高階》（附日課精解）

《擇日風水問答錄》

（一）以日課干支之正五行生旺祭主及山命課例

繼大師

日課取陽曆二〇〇四年十一月十四日下午六時，日課四柱為：

甲申　年
乙亥　月
丁酉　日
己酉　時

首先分析這日課本身之好處如下：

日課年、月天干為「甲、乙」木，生旺「丁」日干火，再生旺「己」時干土，雖以土為旺；然而以日干丁火為重，故以火土為旺，而地支「申」年支屬金，生旺月「亥」水支，日、時兩「酉」金支又生旺「亥」水月支，故地支以金、水為旺。

此日課之干支是以火土、金水為旺，五行由年順生至時干，又由時支逆生至月支，這日課中以「己酉」時柱為最妙，亦是此日課之關鍵所在，日課之五行，透過時柱，使「丁」火日干不剋坐下「酉」支，所以使「酉」金為旺，這又因為日、時支同是「酉」支之故，按道理，應該再生亥水月支，因為「亥」水月支已生旺「乙」木月干，「亥」水成了生木之源頭，而日柱之力為整個日課之主要五行集中地，故日課應以「酉」金為終。

此日課配「酉」山最恰當，酉為同旺局，日課「丁」日干之貴人到「酉」山，配「乾」山亦是同旺局，日課「丁」日干之貴人到「亥、酉」，「亥、乾」屬同一組雙山五行，故「丁」日干之貴人亦到「乾」山。

此日課若配「辛」山，則屬同旺金局，而「辛」山之祿又到日課「酉」支上，與配「酉」山比較，，則「酉」山是直接同旺局，配「辛」山是間接之同旺局，兩者皆宜。日課「丁」日干火，表面上看是「辛」山之七煞，丁火尅辛金，但「己」時干是轉化丁火而旺「己」土，再生旺「辛」金，故「丁」火日干，不作「辛」山之七煞看。

在選配人命上，以同旺原理，可配「丁酉、己酉、辛酉」命最好，配「乙酉」命亦可，配「癸酉」人命則次之，因「癸」干以「己」干為七煞，雖說有一個七煞不為忌，但因「己」時干土氣甚旺，故此相配次之。

此日課無格無局，只是「酉」金旺，我們選出其相配坐山及人命之五行，以同旺及印局為吉，以洩、食傷、沖尅為凶，一切均以扶山相主為宗旨，不論格局，則一切吉祥。

《本篇完》

(二) 羅紋交貴及三德齊臨綜合格

繼大師

在日課各格局中，以羅紋交貴格及三德叢集格較為不易被察覺，一般看去，並沒有什麼特別，只覺平凡無奇，但若細心研究，會愈看愈有味道，且會發現日課之奧妙。茲舉一日課為例如下：

現有「辛未」年命生人，修造子山，擇於二〇〇四年甲申年，陽曆七月廿日下午六時，日課四柱為：

甲申　年
辛未　月
庚子　日
乙酉　時

首先，此日課看去並沒有什麼大貴大格，於「甲申」年內，三煞在「丙、午、丁」，劫煞在「巳」，歲煞在「未」，五黃入中宮，未月則紫白月星六白入中，五黃飛臨「辰、巽、巳」，戊己都天在「辰、巳」，「巽」為都天夾煞，兩煞飛臨「巽」宮尤凶，歲破在「寅」方，凶方宜避之。

甲申年天干「甲」屬陽木，地支「亥、卯、未」是三合木局，「未」是木庫，未月以「甲」干為天德、月德及歲德，故此甲申年之辛未月，是三德齊臨之月，奇貴無比。

此日課之五行，以「庚」日干與「乙」時干五合合金；「酉」時干金，生助「子」日支水，「未」月支土又生助「申」年支，雖說「子」支絕於「未」支，但「子」水旺，未支土剋不著子水，「甲」年干木又被「辛」干及坐下「申」支剋着，故此日課之五行，以金水為旺。

論此日課之本身貴祿，則「甲」年干之貴人在「未」月支上，「甲」之祿在寅而正沖坐下「申」支，本身年柱是沖祿，即祿從外處而來；「辛」月干之祿在「酉」時支上，「庚」日干之祿在「申」年支上，「庚」干之貴人又在「未」月支上，「乙」時干之貴人在「申」年支及「子」日支上。

故日課本身干支有甚多貴祿，是「羅紋交貴格」，又集「三德叢集格」於一身，本身是成格成局。

至於此日課中，有少許缺點，就是「甲申」年柱及「乙酉」時柱，同在「甲申」旬內，其空亡在「午、未」二支上，故此在「辛未」月雖是「甲」年之三德齊臨之月，但剛好六個甲旬中（甲子旬、甲戌旬、甲申旬、甲午旬、甲辰旬、甲寅旬）就只有「甲申」旬之空亡在午、未，故此「辛未」月是「甲申」年中之空亡月，其福力略減，是美中不足之處。

此日課配「子」山，則日課金水五行，生旺「子」山，而「乙」時干之貴人又到「子」山，五行氣及貴人均得到。若配「癸」山，其五行氣亦恰配，而「癸」干之祿到日課「子」日支上，故相配得宜。

此日課可配「乙未、己未、辛未、癸未、丁未」人命，因日課「甲、庚」之貴人到未，又甲是未之「三德」，雖空亡，但仍有力，日課「辛未」月柱，同旺「辛未」人命，配「乙未」人命則「乙」與日課「庚」日干合金，與「乙」時干同旺。

配「己未」人命則「己」命之貴人到日課之「申、子」年、日支上，「乙」人命與「己」命配法相同；配「癸未」人命則「癸」祿到日課之「子」日支上；配「丁未」人命則「丁」干之貴人到日課之「酉」時支上，「甲、乙」木干又生旺「丁」干人命，故此，所有「未」人命均可相配此日課。

此日課可配「子」人命，以「庚子、甲子、丙子」為首，「戊子、壬子」為次，「甲、庚」人命與日課年、日之「甲、庚」干同旺，其貴人到日課「未」月支上，故相配得宜。

「丙子」命則「丙」干之貴人到「酉」時支上，而「壬子」人命則較其他「子」人命遜色，這離不開貴人祿馬的關係，故關係愈密則愈吉，相反，沖尅刑洩則凶，故選擇日課，以此為準，則是古法今用。

《本篇完》

（三）天干五合及地支三會局——月三煞坐山另類之相配

繼大師

茲有「辛未」祭主，於二〇〇四年甲申年，修造「坤」方，擇於二〇〇四年陽曆七月十四日上午十時（巳時），日課四柱為：

甲申　年
辛未　月
甲午　日
己巳　時

日課本身之好處甚多，若論格局，「甲」日干合「己」時干而化土，是天干五合土，再生旺「辛」月干，天干以「辛」金最旺，「甲」年干隔了月、日兩干，所以不能與「己」時干化合，故被「辛」金所尅。

日課之時、日、月地支是「巳、午、未」三會火局，故火氣甚旺而尅「申」金年支，論日課整個五行來説，地支三會火局並不能尅「辛」月干金，因為日、時干「甲、己」化合土，被三會火局所生，而合土後再生「辛」金，故以土金為旺，火為旺氣之源頭，能得以轉化，但我們用此日課配山，配以廿四山屬火、土為主，配金則其次，因為日課中以其日干支為主力骨幹，月則次之。

此日課於「甲」年取「未」月，為天德、月德、歲德三德齊臨之月，極貴也，又「甲」日干為「未」月支之天德，又與「甲」年同旺。

若論貴祿，則此日課之年、日「甲」干之貴人到「未」月干上，「辛」月干之貴人到「午」日支上，「己」時干之貴人到「申」年支上，「己」時干之祿到「午」日支上，兩「甲」干之祿到寅支而正沖「申」年支，本身沖祿，「己」時干之貴人在子而沖「午」日支，又是沖貴；無論貴祿及五行氣，此日課均可取用。

在配山方面，日課地支三會火局，生旺「坤」土山，日課天干「甲、己」土合而旺「坤」山，日課之年、月「未、申」地支，在廿四山中，是拱「坤」山的，以「坤」山為尊，故日課「申」年支，不作洩「坤」山之土氣論。

以五行作配山論，日課地支火重，故不能取廿四山之屬金地支而相配，不利「酉」山，其次是「申」山，因地支本身之氣，其尅應尤快，日課「巳、午、未」三會火，會直接尅「酉、申」屬金地支，故相配不宜，若配「乾」山，日課之地支三會火局並未直接尅

「乾」山，日課全仗日、時之「甲、己」土所轉化，故應以火生土，土生金論之，若配「辛」山，其原理相同，若配「庚」山則次之，因「庚」山剋日課「甲」年干，為財，而「甲」日干則作合「己」時干而成土論，不作個別「甲」干論。

所以日課之五行氣，以地支助旺廿四山地支之坐山為原則，而日課之天干生旺廿四山之天干坐山為要，或取同旺亦吉。以此日課來說，因為滲入了「申」年支，故不作純三會火局看，雖然這樣，但無論修方或修山，切不可在其三煞方動土，日課「巳、午、未」火地支被「壬、癸」所剋而洩氣，「亥、子、丑」三山又正沖日課「午、未、巳」月、日、時支，故這五山不可用。

又「申」年太歲，其歲之三煞在「丙、午、丁」，「巳」為劫煞，「未」為歲煞，雖這五山為同旺日課三會火局，然而，一年之中，以太歲為主，統領諸神煞，故切不可犯歲煞之五個坐山，又三煞方之中，以年三煞為首，月之三煞次之，日、時之三煞方再次之。

日課「未」月支，月三煞在「庚、酉、辛」，「申、戌」傍煞，這五個坐山是月煞方，是次凶於年三煞方，其實三煞方是時間之五行剋坐山之五行，是以五行之生剋為主，我們若明白這道理後，便知道為何有些坐山可做，有些不可做了，以上之日課例，雖月三煞（未月）在西方兌宮，然而，妙就妙在此日課之日、時干為「甲、己」合而化土，土再生金，若果地支是木支，則天干不能合化土，現在是火地支，故火生土而使土干熾旺，得以再生旺金。

所以此日課可用於：乾山、庚山、辛山，而酉山則不可用，就是避免地支火氣「巳、午、未」三會火局直接剋「酉」地支金，而使日課「甲、己」土不能間接轉化其日課三會火之五行，天干「乾、庚、辛」是可間接轉化，地支酉山則來不及轉化便剋出，故有分別，是例外之格局。

綜合以上所論，以上日課例配上「坤」山是最匹配的，這是筆者繼大師的個人見解，所謂法無定法，以五行及祿貴為宗。

此日課配「辛未」人命，則與日課之月柱同旺，日課年、日兩「甲」干之貴人到「未」命，「甲」歲干是「未」人命之三德吉星，「辛」人命干之貴人到日課「午」支，日課日、時「午、巳」火支生旺「未」人命支，「午未」又合化日、月，這是日課之天干生旺人命之天干，地支生旺人命之地支，故相配得宜。此日課可配「己未、甲午、己巳」

等人命，「戊午」人命亦可，其原理與前相同。

另外補充一點，本來每個月之三煞方是避免修造的，然而，以上一日課為例，「庚山、辛山、酉山、申山、戌山」是未月之三煞、劫煞、歲煞，我們使用三煞坐山，是要以日課之五行，去尅着坐山之五行，使三煞受制於日課，是用神制煞。

此日課以「巳、午、未」三會火局尅兑宮屬金之三煞、劫煞、歲煞，再以日課之天干從後來生助，是「制法、貴人生助法」一同執行，而配「酉、申」二山，是制得太緊，配「庚、辛」二山則較為緩一些，制後再得到坐山的貴人，（庚之貴人在未月支上，辛之貴人在午支上。）是為安全之法。

這要留意其制三煞之比重，況且月三煞較年三煞為輕，故立論在此，讀者們切宜留意。這配三煞是宜制不宜生，先制後得貴人生助，是得其法，而配戌山歲煞是只得生助，沒有尅制，故不可配。

《本篇完》

（四）男女結婚日課之選配

繼大師

茲有男女二人，想於二〇〇四年結婚，男命生於一九七〇年己酉年陽曆一月廿七日下午六時正，出生八字為：

己酉　年
丁丑　月
丁未　日
己酉　時
胎元——戊辰
命宮——辛未

女命生於一九七七年丁巳年陽曆十月廿四日中午十二時，出生八字為：

丁巳　年
庚戌　月
甲寅　日
庚午　時
胎元——辛丑
命宮——癸丑

起胎元之方法，是取中氣定出月令，如以上之男命，生於「丁丑」月，天干進一位為「戊」，地支進三位為「辰」，故其胎元為「戊辰」，查萬年曆一九七〇年陽曆一月廿日十九時廿三分交上大寒，於陽曆二月十九日九時四十一分交上雨水，「大寒」至「雨水」中氣為「丑」月，故仍以「丁丑」月定出胎元。

男命生於「丑」月「酉」時，以「**逢卯立命**」逆推，寅月出生在卯位，卯月在寅位，辰月在丑位，巳月在子位，午月在亥位，未月在戌位，申月在酉位，酉月在申位，戌月在未位，亥月在午位，子月在巳位，丑月在辰位，當逆推至出生月，即丑月生，推至辰位，再以子時放在辰位上而逆推，子時在辰位，丑時在卯位，寅時在寅位，卯時在丑位，辰時在子位，巳時在亥位，午時在戌位，未是在酉位，申時在申位，酉時在未位。

故男命「丑」月「酉」時生，其命宮在「未」，再以「年上起月法」，以甲年起丙寅月，經丁卯、戊辰、己巳、庚午，至未月為「辛未」月，故求得其命宮為「辛未」。

女命求胎元及命宮法如前之男命相同，我們取其「生年命、胎元、命宮」及男女家之父母生年干支為據，結婚之日課不可有沖剋，以下干支即是：

男：生年——己酉
胎元——戊辰
命宮——辛未

女：生年——丁巳
胎元——辛丑
命宮——癸丑

首先，我們選出婚姻註冊之時刻，現擇於二〇〇四年甲申年，陽曆八月十日上午十時，日課四柱為：

甲申　年
壬申　月
辛酉　日
癸巳　時

日課本身是人中三奇，天干「壬、癸、辛」，雖加雜了甲年干而不純，及非順或逆排之人中三奇，但仍以三奇貴格論。日課月、時「壬、癸」干之貴人到「巳」時，日柱本身

「辛」干坐下為「酉」祿，在天干之五行，以金、水而生旺「甲」年干木，地支兩「申」金及日、時之「酉、巳」半三合金局，地支一片金氣。

此日課配「己酉」男命，則「己」人命與日課「甲」年干合化土，「己」人命干之貴人到日課之年、月兩「申」支上，日課「辛」日干之祿到「酉」人命支上，「酉」支又同旺人命「酉」支，日課地支之金氣亦同旺人命「酉」支。

女命「丁巳」配此日課，則「丁」與日課「壬」月干合木，人命「巳」支與日課「申」支合水，「丁」人命干之貴人到日課之「酉」日支上，「巳」人命又與日課「巳」時支同旺，日課「癸」干為「丁」人命之七煞，一個七煞不為忌，「丁」人命干雖剋日課「辛」干為偏財，但不為洩，因日課有「甲」年干木為「丁」人命之正印，「丁」與「壬」月干又合木，故不忌，女命「巳」支與日課「酉」日支成半三合金局，合財。

此日課沖「寅、卯、亥」三支，而男女命之生年、胎元及命宮均沒有此三支，故擇此日課為註冊結婚日均得配相宜，另外還要看男女兩家父母出生年，並非正沖以上三個年支，即可使用。

另外，還要擇結婚出門、女方上頭、婚宴及過大禮等日課始得完備。日課中，以擇過大禮之日子較婚宴日課為早，茲擇於同年二〇〇四年甲申年陽曆七月十三日晚上八時正過大禮，日課四柱為：

甲申　年
辛未　月
癸巳　日
壬戌　時

此日課擇於「甲」年「未」月，為「天德、歲德、月德」三德齊臨之月，天干月、日、時是人中三奇「壬、癸、辛」，是由時至月逆排，雖加雜甲年干，但仍不減人中三奇之貴格，是集兩大格於一身，雖壬戌時正沖男命戊辰胎元，然而過大禮則屬次要，時柱力較為次之，故不忌，但註冊結婚日期則不可用。

此日課天干以金水為旺，地支以火土為旺，日課甲年干之貴人在「未」月支，日、時之「癸、壬」干，其貴人在「巳」日支，又到女命「巳」支上，女命「丁」干與日課「壬」干合木，日課「癸」日干雖為女命「丁」火之七煞，但一個不為忌，女命又同日課「巳」日支氣，男命「己」干及女命「丁」干，「丁、己」干之祿在「午」支，日課「巳、未」

支拱「午」支，為男女命干之祿，是拱祿格。

日課地支土旺而生旺男命「酉」金，「己」命干與日課「甲」年干合土，「己」命之貴人又到日課「申」年支，唯一此日課之壬、癸天干，被己命之天干所剋而略洩，但不為忌，因日課有「甲」干合「己」土之助力。

一般男女結婚之日課，男方出門接新娘，下午吃飯，在飯前或飯後再回男家拜祖先，或再返女家作回門，晚上婚宴，而新娘有上頭之儀式，可在結婚當日之凌晨或前一天晚上進行。現依上述之男女人命，擇於二〇〇四年陽曆十月五日舉行結婚儀式，與註冊結婚日子分開進行，上頭取「丑」時初，01:15即可，（因要早點休息），男方出門迎親取「巳」時，盡可能於「巳」時內接新娘回男家拜祖先，如兩家相隔較遠的話，可在「午」時回男家亦可，婚宴男女家取「申」時到酒家接待親客，新娘新郎則可取「酉」時到酒家招待親友。茲將各日課之四柱列出如下：

（一）女方上頭儀式日課：

甲申　年
癸酉　月
丁巳　日
辛丑　時　（01:15am）

（二）男方在巳時（9-11am）可在 9:15am 出門接新娘，日課是：

甲申　年
癸酉　月
丁巳　日
乙巳　時

（三）或取「午」時回男家，日課是：

甲申　年
癸酉　月
丁巳　日
丙午　時

（四）男女家到酒樓接待親友日課是：

甲申　年
癸酉　月
丁巳　日
戊申　時

（五）男女新郎新娘到酒樓晚宴日課是：

甲申　年
癸酉　月
丁巳　日
己酉　時

以上五個日課均屬同一日，只是時辰不同，避免使用「卯」時而沖男「酉」人命，或用「亥」時而沖女「巳」人命，其餘五個時辰均可，以第一個時辰「丑」時，地支三合金局，「丁巳」日為同旺女方人命，故不忌，而金局大旺男方「酉」命；日課「癸」月干之貴人到「巳」支，接新娘用「巳」時故大吉，日課「丁」日干之貴人到「酉」男命及到「酉」月支，故日課之「癸酉、丁巳」均可助旺男女命。

日課若取「未」時則為「丁未」柱，「丁未」則天尅地沖女命「辛丑」胎元及「癸丑」命宮，故不取用。日課若取「丙午」時柱是火旺，則天干生旺男「己」命干，地支雖「午」火尅「酉」命支，但日課「丙、丁」日、時干之貴人到「酉」命，日課月支又是「酉」而同旺「酉」命，故不忌用。

又男女雙方父母家長生年不要在「卯、亥」二年生，因沖日課「酉」月及「巳」日，其餘親友不忌。

選取日課結婚，並非一般那麼簡單，盡可能避免沖尅當事人之生年，使辦事能圓滿。在佛教教義中，忌殺生，舉辦婚事，殺生是難所避免，若能想更圓滿，可在結婚前作放生及唸頌「往生咒」作迴向，定有所幫助。

此咒常頌，不但不會惹鬼，反而增加福份，若頌滿卅萬遍，阿彌陀佛常住頭頂，頌得愈多，愈是吉祥。此咒名稱甚多，名《往生淨土神咒》，《拔一切業障根本得生淨土陀羅尼》，《甘露咒》，《阿彌陀佛根本秘密神咒》。

《本篇完》

附錄：**《阿彌陀佛往生咒》**：（國語發音）

「南無阿彌多婆夜。哆他伽多夜。哆地夜他。阿彌利都婆毗。阿彌唎哆。悉眈婆毗。阿彌利哆。毗伽蘭帝。阿彌唎哆。毗伽蘭多。伽彌膩（音利）。伽伽那。枳多伽利。娑哈。」

（五）正五行日課配天赦日之應用

繼大師

茲有夫婦二人，擇日擺放家居風水，包括工作枱、床、傢俬及電器等物，其資料如下：

男——丙午 生年

命宮——丁酉

胎元——壬午

女——己酉 生年

胎元——乙丑

命宮——庚午

日課擇於二〇〇四年陽曆九月廿六日上午十時，日課四柱為：

甲申 年

癸酉 月

戊申 日

丁巳 時

甲申年之三煞在南方離宮「丙、午、丁」三山方，「巳」方為劫煞，「未」方為歲煞，年五黃紫白入中，紫白月星於酉月四綠入中，月五黃紫白於酉月飛到乾宮「戌、乾、亥」三山方，都天在「辰、巳」二山，「巽」山方為都天夾煞，「寅」山為歲破方，皆宜避之。

首先，此日課之五行，其天干月、日之「戊、癸」合化火，「甲」年干是木，木又生火故天干以火為旺，至於其他地支，年、月之「申、酉」是金，日、時支之「申、巳」合化水，金生水故地支以水為旺，天干地支互相剋制，「戊、癸」合火而剋「申、酉」年、月支，而日、時支「申、巳」合水又剋天干火氣。筆者繼大師為何取此相剋日課呢！

現解釋如下：

主要原因是配以「丙午」及「己酉」年人命之故，日課天干火旺而生助男命「丙午」，又生助女命「己」土干，日課「甲」年干與「己」女命干合土，女命酉支屬金，與日課「酉」月支同旺，又與「巳」時支合半三合金局。

男命丙午純火，雖被日課申、巳之日、時支合水所剋，但丙命干祿在日課巳時支上，日課丁時干之祿在人命午支上，日課「戊」日干的祿在「巳」時支上，為「**日祿歸時**」，而日課天干火氣盛，故可補此缺點，這是以正行之氣而論。

若以貴人而言，「丙」命之貴人在日課「酉」月支上，日課「丁」時干之貴人在女命「酉」支上，女命「己」干之貴人又在日課年、日之「申」支上，互相為貴人。

無論以正五行或貴人天祿而言，日課皆與人命相配得宜，若再配以「癸」山方開始搬傢俬物品等，則大吉，因日課地支金水旺再生助「癸」山方，「癸」又與日干「戊」合，又與月干「癸」同旺，故可相配。

此日課取「酉」月，在農曆八月中之「戊申」日，正是日課中之「天赦日」。在胡暉先生著**《選擇求真》〈卷七〉《天赦日》**（玄學出版社印行第222頁），其解釋曰：

「天赦者。赦過宥罪之辰也。天之生育甲與戊。地支成立子午寅申。故以甲戌配成天赦。其日宜疎獄施恩。祀神賽愿。（還願）**入宅移居。凡事吉。若興德神會合。尤宜興造。」**

又其例曰：**「春赦戊寅夏甲午。戊申赦日喜秋逢。三冬甲子甚為吉。百事感亨恩澤通。」**

以上說法，取天地生育萬物之德，稱為「天赦」，即是每年在各月中有「戊寅、甲午、戊申、甲子」等日，茲列出農曆各月份之天赦日如下：

正月、二月、三月——**戊寅** 日為天赦日
四月、五月、六月——**甲午** 日為天赦日
七月、八月、九月——**戊申** 日為天赦日
十月、十一月、十二月——**甲子** 日為天赦日

我們在選取日課的時候，以正五行干支日課為主，配合人命及方向或坐山，使合吉祥之數，而「天赦日」為兼用，若能配之尤吉，不能相配亦可，以正五行日課為主，而日課配人命及坐山或山方，則涉及家居風水的問題，亦不是單單倚賴日課之力，宜熟玩之。

《本篇完》

（六）正五行日課配貴人登天門時制化都天煞

繼大師

茲有辛丑年命人，在其屋子之「辰方」（廿四山方之東南位）造一入口門樓，門樓坐申向寅，擇於二〇〇四年甲申年陽曆九月十八日下午六時動工，日課四柱為：

甲申　年
癸酉　月
庚子　日
乙酉　時

查甲申年中，三煞、劫煞及歲煞在「丙、午、丁、巳、未」五個坐山，年紫白五黃入中，月紫白五黃在酉月到「戌、乾、亥」三山，都天煞在「辰、巳」二山，都天夾煞在「巽」一山，寅山是歲破凶方。

在甲申年內，剛好在辰山方修造，正犯上「戊己都天煞」，而犯煞之中，以歲破方至凶，其次是二、五紫白交臨之方，其餘諸煞，以坐山為主，方位則次之，以上「辛丑」年人命修造「辰」方「申山」，則是都天煞方，故凶煞不大。

此日課天干日、時「乙、庚」合化金，生旺月干「癸」水，再生旺「甲」木歲干，而日課年支「申」，雖隔「酉」月支，而不能與「子」 日支合半三合水局 ，但地支兩「酉」一「申」，三個金地支生旺「子」日支水，故金水大旺，日課中，就只有「甲」年一個木，故甲木得水所生，尤以「癸」水近生「甲」木為最旺。

故修造「辰」方之都天煞方，則「甲」太歲干剋「辰」土支，故以五行氣來說，是可以把都天煞方剋制着而並不剋破它，但日課四柱中，皆以日柱干支為重，年柱屬於次要，但仍然有力量。

日課中雖以地支生旺地支坐山為重，然而坐山以得五行氣為吉，日課時、日干「乙、庚」合化金，地支兩「酉」一「申」，故大大生旺「申」坐山，「乙」時干之貴人到日、年之「子、申」支上，「辛」人命之祿又到日課月、時之「酉」支上，日課年、日之「甲、庚」干，其貴人到「丑」年命支上，互為祿貴。

此日課還有一特別格局，就是在「酉」月之「庚」日，其「酉」時是「貴人登天門時」，「貴人登天門時」又稱「神藏煞沒時」或「四大吉時」或「四殺沒時」，四殺者是：

寅、午、戌——火殺在**丑**
亥、卯、未——木殺在**戌**
申、子、辰——水殺在**未**
巳、酉、丑——金殺在**辰**

我們若擇日於「貴人登天門時」內用事，即是使貴人得位，可使這四殺沒也，故稱四殺沒時。元經云：

「善用時者。常令朱雀鎩羽。勾陳登陛。白虎焚身。玄武折足。滕蛇落水。天空投匭。所謂六神悉伏也。」

首先以每年內各有十二中氣為分界，分出十二個月令所屬，若以陽曆計算，一般是：

二月十九至廿雨水開始是**「亥將」登明**

三月廿一至廿二春分開始是**「戌將」河魁**

四月廿至廿一谷雨開始是**「酉將」從魁**

五月廿一至廿二小滿開始是**「申將」傳送**

六月廿一至廿二夏至開始是**「未將」小吉**

七月廿三至廿四大暑開始是**「午將」勝光**

八月廿三至廿四處暑開始是**「巳將」太乙**

九月廿三至廿四秋分開始是**「辰將」天罡**

十月廿三至廿四霜降開始是**「卯將」太衝**

十一月廿二至廿三小雪開始是**「寅將」功曹**

十二月廿二至廿三冬至開始是**「丑將」大吉**

一月廿至廿一大寒開始是**「子將」神后**

以上中氣以萬年曆為準，以上日課是陽曆九月十八日酉時，在處暑至秋分之間，屬於「巳將太乙」所管，然後取其日之天干，找出其貴人，庚子日之庚干貴人在「丑、未」二支上。然後將「巳將」放在掌訣之「丑」位上，順推至「亥」位上，即是：

「巳將在丑位，午在寅位，未在卯位，申在辰位，酉在巳位，戌在午位，亥在未位，子在申位，丑在酉位，寅在戌位，卯在亥位。」

當「巳將」一組地支數，放在「丑」位掌訣位上，順推至掌訣之亥位時，「巳將」之一組數便是卯支，卯支在掌訣亥位上，故酉月庚日之陽貴人登天門時便是「卯」時。

另一個陰貴人登天門時之求法是相同的，就是將「巳將」放在掌訣中之「未」位上，順推至「亥」位上，即是：

「巳將在未位，午在申位，未在酉位，申在戌位，酉在亥位」。

當「巳將」一組地支數，放在「未」位掌訣位上，順推至掌訣之亥位時，「巳將」那一組數便是陰貴人登天門時，酉在亥位，故酉月庚日之陰貴人登天門時便是「酉」時。

注意，所有月內之天干，其地支之貴人，正是十二月令月將開始順推之位，所有推至掌訣上之亥位時，便是貴人得位，因貴人有陰陽，故一日有兩個時辰是貴人登天門時。

故此，以上日課取酉時，是陰貴人登天門時，亥位為天門，貴人若得位，一切神煞全沒，故取此時辰大吉。

若再有不明之處，可參閱筆者繼大師著《正五行擇日秘法心要》內第十一章《貴人登天門時之原理及尋法——神藏殺沒四大吉時》，細玩自明。

以上日課雖有甲年干木，去剋辰方之都天煞方，為了更謹慎起見，故再取貴人登天門時，兩者互相配合，以正五行擇日法為主，貴人登天門時為兼用，兩者相配，再配合修方、坐山及人命，則大吉也。

另外在胡暉先生著《選擇求真》卷二之用時法內，有四大吉時（即貴人登天門時）之說明，讀者可參考。

《本篇完》

（七）日課之地元一氣格與山命人命相配之十神關係配法

繼大師

在正五行擇日法中，若以十神的關係去相配人命及山命，則可配出有：官星格、財神格、堆格（堆格又稱聚格，有聚祿、聚貴、聚馬、聚財、聚寶、聚殺、聚福、聚盜等格。）、食祿格、比助格、印綬格（又稱正印格。）及衝格等。這日課必須是天元一氣，或地元一氣，或天地同流格，始可與人命及山命配出有十神關係，十神中，若以「申」支日課為地元一氣格局，則配命之吉凶分析如下：

配「申」命為比助同旺局，即比助格，大吉。

配「子」命為正印生旺局，申陽金生子陰水，以命為主，配日課以十神為用，子命與申日課半三合水局，亦為印綬格；配之亦吉。

配「巳」命為合刑，「巳」命火剋日課「申」，以「申」為偏財，財多則身弱，「巳」命剋出，則有洩「巳」命之氣，然而「巳、申」是地支六合水，若人命之天干並沒有剋水的話，理論上是可以轉化為水的，若然是「巳」山山命，則山龍若有巒頭形勢上之煞氣，則可洩「巳」（屬陽支）山之煞氣而轉「申」支日課為偏財。

古法稱為「雄龍帶煞之龍用財局之日課」，即以來龍之「巳」山，取日課四「申」支之地元一氣，以「巳」剋合「申」支。除此之外，均不宜相配。

配「辰」命為食神格，「辰」土命支生日課「申」金支，陽生陽，故「申」為辰命之食神，兩支又成半三合水局，因「辰」命支土生「申」日課金，故為食神格，洩命之五行氣，故不宜相配。

配「寅」命是沖馬格，寅命沖日課四「申」地支均是大凶之配搭，至凶之配也。

配「丑」命為傷官格，「丑」命以「申」為傷官，丑土生申金，陰土生陽金，洩人命之五行氣，不宜相配。

配「戌、未」二命亦與配「辰、丑」二命之原理相同，均不宜配。

配「卯」命則為正官格，日課「申」金剋「卯」木，陽金剋陰木，雖正官格，然而「卯」命受剋，均不宜相配。

配「午」命則為正財格，「午」命陰火剋日課「申」陽金，「午」火剋出，則洩火之五行氣，故不宜相配，其理與配「巳」人命相同。

配「酉」命則是劫財格，即盜格，「酉」命支與日課「申」支是同屬金，同五行氣而不同陰陽，若相配，則「酉」支命被「申」支日課劫財，故不宜相配。

配「亥」人命則是偏印格，又即梟神格，因「申」陽金日課生「亥」陽水人命，陽生陽為梟神，然而梟神多則奪食，奪去食神則有損子息之虞，因食神代表子息，故日課「申」支不宜配「亥」人命，雖然是被生，但陽生陽，陰陽不合，日課「申」不可多過兩個，因為是地元一氣故不宜相配。

以上是日課四「申」支之地元一氣格局，配十二地支人命之十神吉凶關係，假設其日課擇於二〇〇四年甲申年陽曆八月廿一日下午四時，四柱是：

甲申　年
壬申　月
壬申　日
戊申　時

以這樣四「申」地支之地元一氣格，相配出以上十二地支人命或山命，是依十神之吉凶分析，以人命山命為主，如日課是正印、比助則吉，正財、偏財中平，官、煞、劫財、偏印、食神、傷官則凶，依此原則擇日配命便可，其餘各日課地支一氣，其相配擇法亦相同。

至於日課地元一氣格，亦可依十神關係，相配十天干之人命或山命，若配上人命，要看人命生年之天干地支同看，不可偏看干或支，亦要兼看日課地元一氣格之天干如何，得五行氣、貴、祿為要，以上日課一例，其配人命法之分析如下：

配「庚」命人，則「庚」命之祿全聚於日課四「申」支上，為聚祿格，五行氣是同旺，始為之祿，大吉之配搭。但日課之天干不可以有四個丙，「丙」為「庚」之七煞，一個丙是可以的，兩個或以上則不可，可配「庚子」人命大吉。

配「乙、己」干人命，則「乙、己」干之貴人全聚於日課之四個申支上，為聚貴格，再配合以上十二地支人命之分析，便可取得最佳之聚貴格。但因「乙」之陽刃在「寅」而沖日課四「申」支，故為沖刃格，配之大凶。

配「甲」命人，則甲祿在寅而沖日課四「申」支，為沖祿格，但申金剋甲木，為甲之七煞，可幸有壬水生助，但以配「甲申」年人命最佳，其餘小心選配。

配「丙、丁」命人，則四「申」支為「丙、丁」人命之正財、偏財，「丙、丁」火尅出，洩人命之五行氣，故不宜相配。

配「戊」人命，則「戊」之食神是「庚」干，「庚」干之祿在日課四「申」支上，故配「戊」人命為「食祿格」，配「戊申」命最大吉。其餘「戊」干人命，相配則要小心，因為「戊」土生「申」金，會洩「戊」土之氣。

配「辛」人命，則「辛」干之陽刃在日課之四「申」支上，故是陽刃格，配之大凶。

配「壬」人命，則日課四「申」支生「壬」干，「申」金支是「壬」水干之偏印，陽生陽，偏印即梟神，梟神則奪食，食神代表子息，理論上是不宜相配的，但是，我們不能將其天干及地支分開看，要整體分析，此日課妙就妙在其日、月兩柱均是「壬申」干支，「壬」與「申」本身同旺，若此日課配以「壬申」人命，修造「申」山，則屬上吉之配搭，所以，擇日配人命、山命是活動的，不能拘泥於一點，要全部同看。

配「癸」人命，則日課四「申」支生助「癸」干，「申」金支為「癸」水干之正印，陽生陰，若此日課配以「癸亥」人命，則雖日課四「申」支為「亥」命之梟神，「壬」干又為「癸」之劫財，然而，還有其好處，就是日課兩「壬」干之祿到「亥」人命支，日課四「申」支生助「癸」干人命，而日課以金水為旺，「癸亥」人命是水，雖有以上一些不好之處，但不是全部壞的，吉凶均有，亦可相配取用，這是筆者繼大師之個人見解，可供讀者參考。

以上各十天干及十二地支，雖在個別上與上例地元一氣日課作出不同之十神關係，我們在配取人命及坐山時，不可單看其十神關係，只作參考可也，亦要干支同柱為理據，綜合分析其好壞，避開流年之三煞、都天、夾煞、二五紫白年月星到宮位及歲破方等，則可修造大吉。

另外，以上例「地元一氣」為例，若發現不甚適合配人命山命的話，則可選取其他天干之地元一氣日課，例如改為同年陽曆九月二日或八月九日申時，其四柱日課為：

（一）陽曆九月二日申時：

甲申　年
壬申　月
甲申　日
壬申　時

（二）陽曆八月九日申時：

甲申　年
壬申　月
庚申　日
甲申　時

在甲申年之壬申月內，是有三個地元一氣（四申支）格局之日課出現，可供選擇。而擇地元一氣格，若放棺下葬或安碑，則要留意，咐囑福主，其後代十二年內，不要在「寅」年懷孕生子，以上一日課為例，如「庚寅、丙寅、甲寅、戊寅、壬寅」等年不宜生子，這還要視乎其陰宅風水巒頭吉凶作準，若非取四「申」日課不可，則可另擇其他日課格局。

日課之四支、四干相同，則氣專而強，以上一四「申」日課為例，逢到申年，即庚申、壬申、戊申、甲申、丙申等年，配合坐山龍穴之元運，則必有吉慶，這亦要視乎穴之坐山向度及山水之情同論，這就是時間、空間、地理之綜合學問。

《本篇完》

（八）三奇與六合相配之格局

繼大師

在正五行擇日法中，其格局是靈活的，有單一格局，亦有多重綜合格局，但至於三奇格與六合局之配搭，其機會不大，而三奇格除純一之格局外，亦可加雜其餘一天干而成天干三奇雜格，地支之六合局，除年、月支與日、時支成六合外，其純六合局亦可。茲舉一例如下：

日課擇於二〇〇四年甲申年陽曆八月三十日早上十時，日課四柱為：

甲 申 年
壬 申 月
辛 巳 日
癸 巳 時

此日課天干是人中三奇壬、癸、辛，年干有甲，非順序或倒排，屬於月、日、時相連之三奇，地支年、月「申」支，與日、時「巳」支成六合水局，天干金水旺，地支大旺水局，故生旺「甲」歲干木也，若修造北方坎宮「壬、子、癸」三山則大旺，在配人命而言，則可配「壬子、癸卯、癸巳、壬申」，茲分析其好處如下：

配「壬子」人命，則「壬」是人中三奇之一，屬水，日課「辛」日干生旺「壬」水人命，日課日、時之「巳」支雖是火，若單論地支則「巳」是「子」支之正財，「巳」被「子」尅而洩「子」支之水氣，然而，此日課是地支「巳、申」六合水局，故不能單取「巳」支與「子」人命支看，應作日課地支六合水局而同旺「子」人命支看，無論如何，此日課均大大生旺「壬子」人命。

配「癸卯」人命，則「癸」干亦同屬人中三奇之一，日課月、時之「壬、癸」干，其貴人到「卯」人命支，日課「辛」日干生「癸」人命干，日課地支「申、巳」六合化水而生旺「癸卯」人命，而不作日課兩「申」支尅「卯」人命論，所以「巳」支合「申」支化水，故「巳」支是「卯」人命支之解神，故日課若適當地選取日、時干支，亦可轉化日課年、月干支之沖尅，此日課均宜配「癸卯」人命。

配「癸巳」人命，則「癸」干同屬三奇，「巳」支與日課日、時兩「巳」支同旺，又與年、月兩「申」支合水，日課日、時「壬、癸」干之貴人到「巳」人命支，均大吉之配搭。

配「壬申」人命，「壬」干亦同屬三奇，「申」亦同日課兩「申」支同旺，又與兩「巳」支合化水，「壬」人命之貴人又到日課兩「巳」支上，故相配大吉。

此日課由於金水特旺，故可配取在坎宮「壬、子、癸」三山修造，雖年、月紫白五黃入中宮，然而在甲申年壬申月，年、月紫白一白吉星飛臨坎宮，故修造大吉。

若「己丑」人命而修造「子」山，我們可選取天上三奇「甲、戊、庚」，其貴人到「丑」命，而地支可用三合遙拱「子」山之日課，日課取二〇〇〇年「庚申」年陽曆八月卅日，農曆七月廿五日辰時。

日課四柱為：

庚申　年
甲申　月
甲辰　日
戊辰　時

由於一九八〇年及二〇四〇年之庚申年中，均沒有甲辰日出現，而一九二〇年之庚申年陽曆八月十四日辰時雖有甲辰日出現，但已是過去的日課，故筆者取二〇〇〇年之庚申年作例，中國國內出版有一本萬年曆，名《簡明二百年曆》一九〇一——二一〇〇，唐漢良、林淑英、唐崇清等編，福建科學技術出版社出版，讀者們可參閱。

此日課是純天上三奇，重覆一個「甲」干，日課「甲」干與「己」人命化合土，三奇貴人到「丑」人命，「己」干人命之貴人到日課之年、月兩「申」支上。

日課兩「申、辰」半三合水局邀「子」支，「子」與「丑」命合土，而「己」命干之貴人亦到「子」支，故為邀「己丑」人命之遙貴格，再配以「子山」修造，均相配得宜。

所以，擇日格局何其多，只取相配之命便可，以貴人祿馬為次，以正五行生尅為主，兩者取得平衡則佳，再加上擇日者之經驗，明師之講解，定可精於此道。

《本篇完》

（九）天干五合與地支六合之五行生剋配命

繼大師

在選取日課時，日課本身之五行去配合山命及人命是很重要的，以人命及山命得日課五行之生助為扶山相主首要之處。日課中，以年、月及日、時之天干五合及地支六合為最有力，五行化合後所產生之力，往往比一般單干支之五行力量為大。茲舉一例子如下：

茲有祭主「乙丑」年命人，修造「申」山，擇於二〇〇四甲申年陽曆五月六日早上八時正，日課四柱為：

甲	申	年
己	巳	月
乙	酉	日
庚	辰	時

此日課年、月及日、時之干支，全部是天干五合及地支六合關係，年、月天干「甲己」合土，年、月地支「巳申」合水，木身日課年、月天干合土而剋其坐下地支化合之水，這是單看年、月兩柱而言，若再看日、時兩柱，則日、時干「乙庚」化合金，地支「酉辰」化合金，故此，可將年、月「甲己」干所化合之土轉化，成為土生金，而金又生助「申巳」所化

合之水，因此，這日課以金水為旺。這是以日課之五行而論。至於日課「巳、酉」之月日地支，因申、巳合水，酉、辰合金，故不作半三合金去看。

以日課本身之貴人祿馬而論，則月、日干「乙、己」之貴人到年支「申」上，「庚」時干之天祿到「申」年支上，貴祿皆有所相配。

在選配人命及山命上，我們可選配金、水之天干，如「庚、辛、壬、癸」等，在地支方面，可選配水、金之五行，如「申、酉、子」等，而忌「寅、亥、卯、戌」四支人命及山命，因正沖日課地支，另外亦可選配同日課地支之命，即「申、巳、酉、辰」，亦可選「丑」命及坐山，綜合以上所論，人命之干支，可作如下之選配：「甲申、庚申、甲辰、庚辰、甲子、庚子、壬申、壬子、辛酉、辛巳、辛丑、己酉、己巳、己丑、癸酉、癸巳、癸丑等人命」。

以上所選之人命，以「甲申、甲辰」為次，因為甲干屬木，可被日課日、時所化合之「乙庚」金所尅，但因甲干與日課之年干相同，故仍可取，只是差一些吧！

此日課配「庚申」人命，則日課五行土金而生旺「庚申」金人命，「申」人命與日課年支相同而與月支「巳」化合水，日課「酉、辰」之日、時支合金，亦生旺「申」人命，日課之「庚」時干之祿又到「申」人命支上，配合得宜。

配「庚辰」人命，「庚」干之選配與前命同論，而「辰」人命支與日課「辰」時支同而與「酉」日支化合金，故尚可取用。

配「庚子」人命，「庚」干所配與前命同論，而「子」支人命水被日課地支金、水生助而大旺，日課月、日之「乙、己」干，其貴人到「子」人命支，五行氣及貴人均相配得宜。

配「壬子、壬申」人命，日課己月、乙日之貴人到子、申人年命，人命壬天干之貴人到巳月支，得日課五行氣及貴人天祿之生助，故配之大吉。

配「辛酉、己酉」人命，則「酉」人命金，被日課金氣所生旺，「辛」人命之祿在日課「酉」日支上，「己」人命則與日課「己」月干同旺，及與甲年干合化土（甲己合土），「己」人命之貴人到日課「申」年支上，故相配大吉。

至於配「乙丑」人命，則「乙」命與日課「乙」日干同旺而與「庚」時干合化金，「丑」人命支是金之庫，與日課月、日「巳、酉」支成三合金局，雖然「申、巳」合水，「辰、酉」合金，但「丑」仍屬於金庫，而日課年、時之「甲、庚」干，其貴人到「丑」人命支，故相配大吉。

若配「癸巳、癸酉、癸丑」人命，其地支與前人命同論，而「癸」人命干屬水，被日課「乙、庚」日、時干化合之金所生，則大旺也，而「癸」人命干之貴人到日課之「巳」月支上，故相配大吉。

在配山方面，可配「申、子、乾、壬、癸、酉、庚、辛」各山，但配「亥」山則與日課之「巳」月干相沖，本來日課「巳、申」化合水，申是解神，申合巳而使不沖「亥」山，但當用事完畢後，日後若逢寅年、月，寅沖申，可能出現麻煩，為使謹慎起見，故仍不取用，這是見人見智之用法。

所以配山及人命是靈活之配用法，會有個人在習慣上的選擇。

《本篇完》

（十）天元一氣兼拱格配山及人命取法

繼大師

在選取日課中，不外乎「扶山相主」，有時候，日課可相配兩個或以上之坐山及人命，但又如何令它相配得宜呢！例如有日課擇於二〇〇四年陽曆十一月一日晚上八時正，日課四柱為：

甲申　年
甲戌　月（年、月拱酉）
甲申　日
甲戌　時（日、時拱酉）

此日課天干四「甲」干，為天元一氣格局，地支年、日為「申」支，月、時為「戌」支，分別拱「酉」支，在相配人命或山命的時候，必須有分析能力，例如日課四甲之祿在寅，若配上「寅」支之人命或坐山，則沖日課年、日之「申」支，雖然「寅」支是日課四甲之祿，然而日課支來沖，沖則散，事必無成。

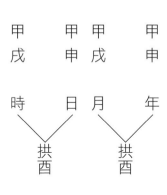

此日課若配「酉」山山命，「酉」山支被日課「申、戌」所拱，雖然以「酉」支為尊，但日課之五行氣以「甲」木之氣為重，故雖日課地支扶山，但日課天干「甲」為「酉」山之正財，「酉」山尅出而洩「酉」金之氣，但並不表示不能相配，五行當中，以身旺不怕用財局，而此日課是一半一半，故在選配人、山命，應要作出慎重的選擇。

若此日課配「甲」坐山及「丁酉」人命，則非常適合也；日課四「甲」干同旺「甲」坐山，四「甲」又生旺「丁」人命，「甲」為「丁」之正印，「酉」人命支又被日課「申、戌」所拱，「丁」人命之貴人又在「酉」而被日課地支所拱，非常相配。

雖日課兩「申」是「酉」人命之劫財，然而「申、戌」拱「酉」，以「酉」為尊，則「申」支不作「酉」支之劫財而論。

茲將八天干（「戊、己」屬於中央土，故沒有坐山。）及十二地支山命，與以上日課相配中，作一分析如下：

甲山——同旺局，非常相配。

乙山——雖同屬木，但以日課之「甲」干為劫財，故不宜相配。

丙山——以「甲」干為丙之偏印，即梟神，而梟神奪食，故不吉。

丁山——以「甲」干為丁之正印，丁山得日課甲之生助，是正印局，故大吉。

庚山——庚尅甲，日課甲為庚之偏財，若是真龍結穴，又是龍雄帶煞，即真龍入首處有尖尅凶砂，若又逢惡龍是庚龍，即可配此日課以消其煞氣，除此之外，一般庚山龍命，不宜使用。

辛山——辛尅甲，甲為辛之正財，因辛尅甲而尅出洩辛金之氣，故不宜相配。

壬山——壬山生日課四甲，洩壬山之氣，為食神局，故不宜使用。

癸山——癸山生日課四甲，洩癸山之氣，為傷官格，不宜相配。

子山——子水生日課四甲，雖日課兩申生合子山，但仍洩子山之氣，故不宜用。

丑、未山——丑山為日課四甲之貴人位，日課地支戌、申為土金，故地支五行氣尚可取，只怕日課四甲剋丑土，雖為貴人位，但仍有少缺陷，故吉多凶少，而未山與此同論。

寅山——日課四甲之祿在寅，本來相配大吉，但日課年、日兩申支沖寅山，故相配不宜。

卯山——日課四甲之陽刃在卯，故大凶。

辰山——日課月、時兩戌支沖辰山，四甲干剋辰土山，為辰山之七煞，故大凶。

巳山——四甲木生巳山火，巳支屬陽，甲為巳山之梟神，巳雖與日課申合，然而是剋合，巳又生日課戌土，故不宜相配。

午山——午被日課四甲所生，午支屬陰，以甲為正印，日課兩戌支雖洩午山之氣，然而午、戌是半三合火，午山剋日課兩申支，日課八個字當中，有一半以上是吉的，故仍可取用。

申山——申尅日課四甲，甲之祿在寅而沖申，為沖祿格，日課年、日兩申支同申山同旺，兩戌土支又生申金，日課八個字中，一半生，一半洩，半吉半凶，免強仍可取用。

酉山——日課申、戌兩支拱酉山，以酉為尊，是拱格也，酉山尅日課四甲，以甲為正財，日課八個字中，一半生而拱，一半被尅而洩，半吉半凶，免強仍可取用。

戌山——戌山雖與日課月、時兩戌支同旺，但日課四甲為戌山之七煞，故不可取用。

亥山——亥山生日課四甲木，為洩局，地支雖有申旺金生助，申為亥山之梟神，故不宜相配。

以上所論，雖以十神（又稱六神，因同旺、比刼、官、煞不為局）之關係而立論，然而以日課生旺為吉，尅洩為凶，而日課格局則不論大小，以五行生助為主，貴人祿馬則次之，避開年之三煞、都天、五黃，則擇日修方皆大吉。

《本篇完》

（十二）天干三朋兼三合配人命及山命日課例

繼大師

茲有「己亥」年人命祭主，造「申山」之吉穴而下葬及立墳碑，擇於二〇〇九年陽曆五月廿四日下午六時正，日課四柱為：

己丑　年
己巳　月
己巳　日
癸酉　時

此日課天干年、月、日均是「己」，為天干三朋格，地支是「巳、酉、丑」三合金局，日、月支重複「巳」支，依正五行擇日法之理論，若是「亥」支年命生人，理不應擇「巳」支日課，但因為祭主父母之逝世時間是不能預知的，假若葬地是申山，祭主「亥」人命亦有兄弟多人，下葬的時間又在陽曆五月內，在諸多限制之下，我們擇日日課要扶山相主，在配人命之時，若祭主「亥」人命不能相就，亦有權宜之法。

其法是：

當下葬時，祭主「亥」人命支是正沖巳月巳日支的，所以在下葬之時，命「亥」命之祭主離開下葬現場，待弄葬完畢，命工人將泥翻上棺面，直至不見棺木或金塔為止，葬畢後，祭主便可回到現場，沖祭主之時辰已過，用事已完畢，故之後不為忌。

此日課並不是完全不利「己亥」人命的，只是地支有沖而矣；首先，日課年、月、日之三「己」干，與「己」人命同氣，為同旺之天干三朋格，日課地支「巳、酉、丑」三合金局，金生「亥」水人命支，為「亥」命之印局，五行氣生旺「己亥」人命，故日課本身已生旺「己亥」祭主人命，為着小心起見，故仍要避一避。

此日課地支三合金局，與「申」山同屬金，是同旺局，日課三「己」干之貴人在「申」支，故日課己干之貴人到山，無論五行氣或貴人，此日課均大大生旺「申」山，故相配得宜。

恩師 呂克明先生為筆者繼大師同界師兄在四邑點了一穴，名「蝎子穴」，正是「申」山寅向正線，師兄正是「己亥」年命，師取日課於一九八九年己巳年陽曆五月廿九日下午六時正下金及安碑，日課四柱為：

己巳年
己巳月
己丑日
癸酉時

日課本身同上一日課例子差不多相同，只是地支之年、日換轉罷了；當時筆者亦在造葬現場，呂師囑咐「己亥」人命之祭主師兄離開現場下山去，代下葬完畢後始回到現場，當日干支與筆者年命正好天尅地沖，一沖即散，其結果是筆者與同門師兄自此之後便甚少來往，未幾師兄移民海外，絕少交往，此又應了日課在選取上之尅應。

此日課除了天干三朋及地支三合金局之外，日課時干「癸」，其貴人到日課本身之年、月「巳」支上，此日課配人命山命之好處與上一例子相同，故不重述。

在下葬時之日課，最好不可天尅地沖在現場的人，不管是祭主或本身之眷屬，或是其朋友，或現場之工作人員等，宜避之，免生凶險。

《本篇完》

（十二）拱四隅卦坐山修方擇日課例

繼大師

擇日日課之選取，以方位、坐山及人命生年之相配為主，在廿四山方位中，以四隅方（東南、西南、東北、西北）為後天四大卦所屬方位命名，東南方為「巽」，西南方為「坤」，東北方為「艮」，西北方為「乾」，若有祭主「乙巳」年命生，於屋之東方「乙」山安放神位，而神位是坐巽，則日課取於二〇一二年壬辰年陽曆五月十六日上午十時，日課四柱為：

壬辰　年
乙巳　月
壬辰　日
乙巳　時

壬辰年之三煞在「丙、午、丁」，劫煞在「巳」，歲煞在「未」，都天煞在「申、酉」，夾煞都天在「庚」，年星紫白九紫入中，七赤飛臨震宮「甲、卯、乙」三山，紫白月星於巳月二黑入中，九紫飛臨震宮，所以在「乙」山方安碑或神位，並沒有干犯凶神，神位坐巽山，取日課則要兩者兼顧，再配合祭主生年人命便可以。

首先，此日課年、日干為「壬」，月、時干為「乙」，壬水生旺乙木，天干以木為最旺，而修乙山方為同旺局，以日課天干之氣生助廿四山乙方之方位，而日課年、日地支為「辰」，月、時支為「巳」。

在廿四山之排列中，東南方為「辰、巽、巳」，日課地支「辰、巳」是拱「巽」山，日課為拱格，因日課年、日及月、時之兩柱干支相同，故為「雙飛蝴蝶格」，總括日課修山配方之特點如下：

乙方神位——以日課「壬、乙」天干生旺之。

巽山神位——以日課「辰、巳」地支相拱之，以「壬、乙」天干生旺之。

乙巳祭主人命——以月、時兩柱之「乙巳」干支同旺人命。

此日課本身年、日兩「壬」干，其貴人在月、時兩「巳」支上，又在人命「巳」支上，神位是坐「巽」山，在廿四山中之雙山五行法中，以「巽、巳」為同格，故此日課之兩「壬」干，其貴人到「巽」山，所以，此日課在配「巽」山時，無論是貴人、五行氣及相拱之格局中，均能相配大吉。

我們亦可取日課於二〇一二年壬辰年陽曆五月十一日下午二時相配之，日課四柱為：

壬辰 年
乙巳 月
壬申 日
丁未 時

此日課日、時干「壬、丁」合木，本來日干「壬」坐「申」支，丁壬合木，會被「申」金所剋，奇就奇在有「巳」月支出現，與申支合水，所以日、時之「丁、壬」可以合木。申年干「壬」水生旺月干「乙」木，故天干以木為旺，在乙方安「巽」山之神位是同旺木局，故配之大吉。

日課之地支年、月「辰、巳」二支拱「巽」山，月、日「巳、申」二支六合化水而生旺「巽」山及「乙」方，「乙」干及「乙」人命之貴人在日課之「申」日支上，「壬」干之貴人在「巳」月支及「巳、巽」二山上，故配「乙巳」人命在「乙」方安「巽」山之神位相配甚佳。

在選配二〇一二年之壬辰年用事，年紫白六白入中，五黃飛臨東南巽方，神位巽山是犯年紫白五黃凶星，故為一大缺點，但月紫白於此年巳月是二黑入中，月紫白一白吉星飛臨東南「巽」位，故此未為全凶，是為凶少吉多。

若在「乙」方安「乙」山之神位，則此日課均能相配大吉，所以在選取日課用事，除避開三煞、都天煞之外，還要避開年、月之紫白五黃飛星加臨，則可邀福。

《本篇完》

（十三）三奇三會配命修山課例

繼大師

在正五行擇日法中，有的是多重格局，配合修方修山則大吉。茲有「己酉」命祭主，其陽宅未山，在申方安放地主神位，地主坐戌山，擇於二〇〇四年甲申年九月十六日下午四時正，日課四柱為：

甲申　年
癸酉　月
戊戌　日
庚申　時

此日課年、日、時天干「甲、戊、庚」天上三奇，癸月干隔雜，故是隔干天上三奇格，地支「申、酉、戌」三會西方金，是三會金局，地支重複申時支，是純三會局，集兩大格於一身，非常貴格。

此日課相配人命、方位及坐山，其分析如下：

配「己酉」人命──「己」人命干之貴人到日課之年、時兩「申」支上，「己」干又與日課「甲」年干合化土，「酉」人命支與日課「酉」月支同旺，日課之日、時

「申、戌」支拱「酉」支，故三會金局以「酉」支為尊，而人命屬「酉」，故日課大旺「酉」金人命；若說日課年、時兩「申」支為「酉」年命人支之陽刃，則單獨來說是成立的，但此日課是三會局，故應以「申、酉、戌」三支同看，而不應單獨以「申」支為「酉」命之陽刃看。因此，日課配「乙酉」人命是非常吉祥也。

配「申」方修造——申方是「己」命干人之貴人方，而日課三會「申、酉、戌」三會西方，與「申」方是同旺金局，日課「庚」時干之祿到「申」方，故修「申」方甚合，因此太歲方不忌。

配陽居未山——此日課是隔干天上三奇「甲、戊、庚」，其天干之貴人全到陽居之未山，故此日課相配吉祥，未方雖犯歲煞，然而只是它之坐山，不是修造方，又有三奇化煞故不忌。

配戌山地主神位——「戌」山與日課「戊戌」日支同旺，「戌」山地支是日課「申、酉、戌」三會方之一份子，故相配得宜。

此擇日配山修方或安放神位，再與陽居坐向及宅主人命相配，此即是用時間合方位，合坐山，合人命，是屬於風水上之範圍，故無論陰宅或陽居，均需配合日課修造，是天時

（擇日日課）、地利（風水上之修方、修山及坐向之配合）、人和（祭主出生生年年命干支之配合），三者配合，定可邀福。

在風水上，陽居要合巒頭形勢，內氣要聚，地主神位要有靠山，最好要靠實牆，沒有門沖（即神位對正大門），但若收得旺向則不忌，又不可背門（即神位之靠牆就是大門之入口方，是入氣順行），背門則神位不能逆收來氣，再來地主神位要在吉方，收旺向六十四卦卦線，使用廿四山之正五行，配合日課四柱之干支五行，陽居亦用廿四山坐向五行，配合日課之正五行干支，這就是正五行擇日法在風水上之使用法。

至於陽宅及地主神位之坐向吉凶，以六十四卦線度之衰旺為主，配合它的形勢，收取生氣及來氣，以旺為向，以衰為坐，是為陰陽也，而廿四山山方是五行之數，兩者合算推其吉凶，是謂之「陰陽五行學」，兩者缺一不可。故正五行擇日日課，不一定只用於結婚、入伙、開張、下葬、修山、修方等，它可使用在陰陽二宅之五行方位上配合，是風水學範圍內的次要部份，兩者不可缺失。

《本篇完》

（十四）四離四絕日之取捨

繼大師

地球環繞太陽一週為一回歸年，由於地球以南北極為自轉的兩極軸心，而地球環繞太陽旋轉時是傾斜自轉的，故地球之南北半球有四季天氣之別，愈近地球中心之赤道，則四季皆熱，地球繞太陽每行十五度便成一節一氣，一回歸年有十二節及十二氣，共有廿四節氣，其中四季之交界為：

春——立春日，每年陽曆約二月三至四日。
夏——立夏日，每年陽曆約五月五至六日。
秋——立秋日，每年陽曆約八月七至八日。
冬——立冬日，每年陽曆約十一月七至八日。

立春、立夏、立秋、立冬等四個節氣日，是春夏秋冬之分界日，其意義等於在羅盤方位中之正東、正南、正西、正北，即廿四山方位之子、午、卯、酉四正綫分出東南西北方之界綫。

在春夏秋冬四季內，其整個季節最中心之日，在中國民曆之節氣中則以下列中氣代表，茲列如下：

春分——整個春天內最中間的一日，一般為每年陽曆之三月廿至廿一日。

夏至——整個夏天內最中間的一日，一般為每年陽曆之六月廿至廿一日。是全年中北半球受陽光最長之一日，之後日光漸短，故有「夏至一陰生」之說。

秋分——整個秋天內最中間的一日，一般為每年陽曆之九月廿二至廿三日。

冬至——整個冬天內最中間的一日，一般為每年陽曆之十二月廿一至廿二日。是全年中北半球受陽光最短之一日，之後日光漸長，故有「冬至一陽生」之說。

由於每年春夏秋冬都有天氣之轉變，是地球繞太陽軌道上之八個點，四個點分出春夏秋冬四季，另四個點是春夏秋冬之中心時段，故此，在古代擇日家之所說，以春分、夏至、秋分、冬至等交中氣之前一天為四離日；以立春、立夏、立秋、立冬等交節前一天為四絕日，因為在這交節氣之前一天，是天地變化之日，節氣已盡而交於另一個節氣之時，是交界之日，故以四離、四絕日稱之，大事勿用。

舉一例如下：

有甲山庚向穴地，祭主甲子人命，取二〇〇四年甲申年陽曆九月廿二日初子時，日課四柱為：

甲申 時

癸酉 月

甲辰 日

甲子 時

此日課三「甲」干為隔干三朋格，地支申、子、辰本合三合水局，但為「酉」月支所隔，故不能成三合水局，「酉」月與「辰」日支成六合金而生「子」水時支，故金水大旺「甲子」人命及「甲」坐山，日課癸月干生甲木，三甲干又大旺甲山，雖在五行氣來說是生旺坐山及人命，然而在二〇〇四年陽曆九月廿三日零時五十二分交秋分中氣，此日課之日神，正是四離日，故不能取用，「四離日」有離別或沒落之意，是每個季節的轉捩點，日課取此日用事則有敗絕之意，故不可取。

此四離四絕日是天地轉煞之時，一切轉變，不利修造用事。

《本篇完》

（十五）正五行日課配合太陰到山課例

繼大師

在正五行擇日法中，有兼取太陰到山之法，太陰者，即月亮也，古人用月亮拱照坐山，以每月初十三至初十七為佳，又以每日晚上酉時至深夜丑時為月亮出現之時。清、胡暉著**《選擇求真》〈卷二〉——《太陰臨山》**（玄學出版社第八十七頁）有云：

「蓋用太陰乃取其光華。在天照耀。以酉時起。丑時止。非但十三至十七。此五日為美。」

使用太陰者，要太陰到坐山為主，到方次之。現舉一例如下：

茲有「戊戌」年人命，修造辛山，擇於二〇一六年陽曆十月廿四日晚上八時正，農曆九月十五日，日課四柱為：

丙午　年
戊戌　月
辛未　日
戊戌　時

此日課年天干丙火生「戊」月干土，月、時之「戊」干土又生「辛」日干金，天干以

「辛」金為旺，地支年、月之「午、戌」半合三合火局，「未、戌」之日、時支屬土，故地支火土旺，故此整個四柱，以日干「辛」金為土所生，修造「辛」山是得此日課五行之氣。

此日課配「戊戌」年人命，是同旺格，因日課之月、時兩柱同生人年命相同，一片土氣，日課地支火土旺，故相配得宜。

查每年十二月內之每月太陰臨山表，在農曆九月十五日晚，太陰臨廿四山之「辛、戌」二山，故配「辛」山得宜，若配「戌」山則是一白紫白年星入中，二黑飛臨乾宮之「戌、乾、亥」三山，則相配次之，而「辛」山在兑宮之「庚、酉、辛」三山，紫白九紫月星入中順飛，二黑月星在「戌」月入兑宮，而二黑月紫白到宮不忌，故此日課配以「辛山」為佳。

《本篇完》

繼大師註：我們擇日造葬或用事，以正五行日課為主，使用太陰到山、到向等，是兼用，然而使用太陰星，以每月之初十三至十七為佳，初六、初七，或廿六、廿七亦適宜，切不可使用每月廿八、廿九、卅、初一至初五，此八日晚之月光無幾，故不可用，其餘日子之太陰星到山到向則次選。

附錄：

胡暉著**《選擇求真》〈卷三〉──《太陰臨山》**（玄學出版社內第八十七頁）有云：

「蓋用太陰乃取其光華。在天照耀。以酉時起。丑時止。非但十三至十七。此五日為美。即初六初七日。二十六、二十七日。亦美也。如初一初二卯時出海（指月亮天光時在海邊出現）**。初三初四初五。辰時出海。自前月二十八至初五。共八日。此時月光無幾。不可用。」**

（十六）制三煞日課例

繼大師

在正五行擇日法中，太歲年支之三合支，其四正位對沖方是三煞方，逢「寅、申、巳、亥」山屬於劫煞方，逢「辰、戌、丑、未」山屬於歲煞方。如「辛丑」年太歲，則地支「巳、酉、丑」是三合金局，其帝旺支是酉，對沖方是「卯」，「卯」屬震宮，故「甲、卯、乙」是「丑」年之三煞方，「寅」山是劫煞方，「辰」山是歲煞方。茲列出流年太歲地支所屬三煞方如下：

申、子、辰年——三煞在丙、午、丁，劫煞在巳，歲煞在未。

寅、午、戌年——三煞在壬、子、癸，劫煞在亥，歲煞在丑。

亥、卯、未年——三煞在庚、酉、辛，劫煞在申，歲煞在戌。

巳、酉、丑年——三煞在甲、卯、乙，劫煞在寅，歲煞在辰。

若修造墳穴，逢太歲之三煞方，若可避之則避，但若要非做不可，則可擇日制化之。其原理要日課之正五行尅山，但不要沖破坐山，此是不變之原則，亦是筆者繼大師之個人經驗。

例如日課「申、辰」各兩個出現在日課地支上，是半三合水局，配上「午」山之三煞方（申、子、辰年，三煞在丙、午、丁，巳山是劫煞，未山是歲煞。），則「申、辰」半三合水局尅「午」火支坐山；但若果日課取兩個「子及申」，或「子及辰」，則日課兩「子」支，是正沖「午」支坐山，沖則坐山有破，破則敗也，而「申、辰」日課支只尅「午」山，並沒有沖破午山，這即是用日課制化三煞之原則。現舉例如下：

茲有「癸巳」年命生人祭主，於「辛丑」年，修造「卯」山，而「辛丑」年之三煞在「甲、卯、乙」震宮，「寅」山為劫煞，「辰」山為歲煞，現擇於二〇二一年「辛丑」年，陽曆五月十七日早上十時正，日課四柱為：

辛丑　年
癸巳　月
乙丑　日
辛巳　時

二〇二一年「辛丑」年，其年星紫白六白入中，四綠飛臨震宮，月星紫白二黑於「巳」月入中，九紫飛臨震宮，在「辛丑」年修造「卯」山，只犯太歲之三煞方。日課分析如下：

日課「辛」金年干生「癸」月干水，再生日「乙」干木，雖時「辛」干剋日「乙」干木，但仍屬旺干；日課地支年、日「丑」支，分別與月、時「巳」支成半三合金局，故日課地支金旺，金剋「卯」木坐三煞之山，故三煞被日課地支所制，而日課「丑、巳」遙「酉」而拱之，「酉」是沖剋「卯」山的，但因為日課沒有出現「酉」支，故日課只是剋制「卯」山，而並沒有沖破它。

在日課地支剋「卯」山之同時，日課天干「乙」日干仍旺，「乙」干之祿在「卯」山，故日課雖然剋「卯」山，但之後，再由「乙」天干生助它，是先制化三煞，後再生旺之，這並非把「卯」山沖倒而令它破敗。

日課「癸」月干及「癸」干人命，貴人到「卯」山，貴人同時又到「巳」命支及日課本身之月、時兩「巳」支上，制化生旺均周全，故此日課配此山命人命得宜，大吉之配合。

在制化三煞之日課中，並非只能用上半三合地支局去制化三煞，並可用地支六合之五行去制化，再舉一例如下：

茲亦是「癸巳」人命，修造「申」山，擇日於二〇二三年「癸卯」年，陽曆三月十七日晚上八時正，日課四柱如下：

癸　卯　年
乙　卯　月
甲　戌　日
甲　戌　時

癸卯年之太歲三煞方在「庚、酉、辛」兑宮，「戌」山是歲煞，「申」山是劫煞，故在「癸卯」年修造「申」山是劫煞方。

此日課天干「癸」年干生旺「乙、甲」等木天干，故天干木旺，日課地支年、月兩「卯」，與日、時兩「戌」支六合化火，故地支火極旺而剋「申」山金支，故「申」山之劫煞受制，日課「乙」月干之貴人到「申」山，日課日、時兩「甲」干之祿在「寅」而正沖「申」山，是沖祿格，即祿由外而來。

此日課「癸」年干及「癸」人命干之貴人到本身日課兩「卯」支及「巳」人命支上，互相為貴人。故於「癸卯」年修造「申」山劫煞方，用此日課是相配得宜，大吉之配合。

《本篇完》

（十七）都天煞方制化日課

繼大師

用正五行擇日法，除可能觸犯三煞方位外，還有都天煞方，在廿四方位中，並沒有「戊、己」方的，「戊、己」屬中土，故所臨之地支方位便是土煞，忌開山破土；例如在「甲辰」年，起「丙寅」正月，「丁卯」二月，「戊辰」三月，「己巳」四月。

故以「甲辰」年來說，「戊、己」天干坐下地支為「辰、巳」，故「辰、巳」二方為都天煞方，在廿四山方位上，「辰、巳」二山夾着「巽」山，故「巽」山為都天夾煞，忌動土、開山、破土等，若我們造葬或奠基破土，可避開都天土煞，但若非造不可，則可擇日化解之。

茲舉一例如下：

現有「乙未」年生人，於「甲辰」年，修造「巳」山，擇於二〇二四年甲辰年，陽曆四月六日下午四時正，日課四柱如下：

甲辰　年
戊辰　月
庚子　日
甲申　時

此日課集兩大格於一身，首先天干是天上三奇甲戊庚，地支是三合「申、子、辰」水局，五行金水大旺，配「乙未」年祭主，則「甲、戊、庚」三奇之貴人到「未」命，日課「庚」日干合「乙」命成金，「乙」命干之貴人在日課之「子、申」支上，故日課配「乙未」人命是非常吉祥。

由於在「甲辰」年修造「巳」山是犯都天煞方，而二〇二四年辰月，紫白年星及月星同是二黑飛臨「巽」方，是病星，若是五黃到宮，則要用太陽或太陰化解，若二黑到宮，則可用日課之三奇及五行干支尅山，煞受制也。

此日課地支三合水局而大旺，五行尅「巳」火坐山，都天煞受尅制，而日課月「戊」干之祿在「巳」山支上，若單論日課「申」時支，則「申」合「巳」山而化六合水局，但因日課「申、子、辰」合三合水局，所以不作個別「申」地支論，而日課天上三奇貴格化解凶神，再得五行之力，故可配以「巳」山及「乙未」人命也。

假若在同一年修造「巽」山，亦是與「巳」山一樣，同犯都天煞，不過「巽」山是犯都天夾煞，而其五行屬木，則可擇二〇二四年陽曆五月廿五日下午六時，日課四柱為：

甲辰　年
己巳　月
己丑　日
癸酉　時

此日課配以「甲子」年人命及「巽」山，則日課之兩月、日「己」干，其貴人到「子」人命，「甲」人命干與日課「甲」年干同旺，又與月「己」干五合化土，日課月、日、時地支三合金局，且生旺「子」水人命，「子」命亦與「辰」年支成半三合水局，故相配大吉。

由於此日課三合地支金局，尅「巽」木坐山，故都天夾煞受制，而日課「癸」時干之貴人到「巳」支，廿四山內之「巳、巽」同屬雙山五行，故日課「癸」干之貴人亦同到「巽」山，「癸」水又生「巽」木，故相配大吉。

雖然此日課天干土旺尅「癸」水，但地支全屬金，金旺水弱土強，故「癸」水不至於絕也。因日課地支金旺，地支力大，故直接尅「巽」山，又同時一部份轉向「癸」水而旺

「巽」山，故不忌「癸」水過旺而直接生旺「巽」山也。

故筆者繼大師認為此日課可尅制夾煞都天，然後可生旺「巽」山，不致使「巽」山破敗，故制化得宜。

但最好的擇法，是以日課的地支五行，去尅犯都天煞的坐山，然後以日課天干的貴人，再生旺坐山。

《本篇完》

（十八）綜合局之日課——五行的轉化

繼大師

造葬陰墳，首要量度墳碑坐山，又得知祭主人命，始可擇日安碑，而格局亦可集多格於一身。現舉一例如下：

茲有祭主多人，分別是：己亥、辛丑、己酉人命，日課擇於二〇〇四年甲申年陽曆十二月十五日下午四時正，造葬於乙山，日課為：

甲申　年
丙子　月
戊辰　日
庚申　時

日課是天干隔「丙」月干之甲、戊、庚天上三奇格，貴人到「丑」命祭主，日課地支「申、子、辰」三合水局，生旺「乙」木坐山，又同旺「亥」年命祭主，「乙」坐山及兩「己」干命祭主，其貴人到日課之年、時「申」支及「子」月支上，三位祭主當中，以「己亥」及「辛丑」年命人配此日課甚吉，「己酉」命祭主除「己」干貴人在日課地支外，日課地支三合水局，洩「酉」金之氣，日課年柱甲干得水局生旺，再生「丙」火而生「戊」土，再生「庚」金，故不為忌。

甲申年（二〇〇四年）五黃紫白年星入中，三碧飛臨東方震宮，是年「子」月，一白紫白月星入中宮，八白星飛臨震宮，故未有犯上二黑五黃凶星，而甲申年之三煞在「丙、午、丁」南方離宮，「巳」方為劫煞，「未」方為歲煞，戊己都天煞在「辰、巳」二方，「巽」方為都天夾煞，是年造葬於「乙」山，則未有犯上凶星，故配此日課造山大吉。

若然擇此日修造「辛」山與前三位祭主相配，日課亦可取「酉」時，日課四柱為：

甲申　年
丙子　月
戊辰　日
辛酉　時

此日課雖少了一格，只是地支年、月、日三合水局，天干則非三奇了，但為了只能在「丙子」月內修造的話，則在選擇日課上，其空間較為少，為了使日課能生旺三位祭主人命，又要補山，則此日課只能做到平均分配人命山命，其分析如下：

此日課配「己亥」人命，則「己」命干之貴人到日課之年、月「申、子」支上，日課天干「甲」，生旺「丙」火月干，再生旺「戊」土干，亦生旺「己」干人命，雖日課

「戊」為「己」干之劫財，一個不為忌也，仍然生旺「己亥」祭主。

此日課同時相配「辛丑」年人命，則日課天干由年干順生至時干，是木生火，火生土，土生金，故「辛」時干最旺，擇日以日柱為主，戊辰日土旺，生助「辛」年命人，日課天干雖不是天上三奇，然而日課「甲、戊」之貴人在「丑」年人命支上，亦貴也，故相配得宜，並未有任何刑沖。

此日課同時再配上「己酉」年命人祭主，則「己」干之貴人在日課之年、月「申、子」支上，日課天干除金旺外，土為次旺，故仍能生旺「己」干人命，日課「戊」日干為「己」命之劫財，一個不為忌；日課地支年、月、日是三合水局，而日、時「辰、酉」支又是六合金局，故「辰」日支是爭合之主要地支，只是三合力大於六合力，而其五行是金少水多。

然而此日課最妙之處是時辰干支，整個日課天干，由年至時順生是，「甲」木生「丙」火，「丙」火生「戊」土，「戊」土生「辛」干，故天干以「辛」金為最旺，而「辛」之祿在「酉」命支上，故「酉」命雖被日課三合水洩，然而日課「辛酉」時柱同是金氣，且得天干順生，故「酉」人命支同時受生，亦同時洩出，故不忌。

此日課同時配以「辛」山，則日課之時柱「辛酉」最旺而同助「辛」山，又同時被日課三合水局所洩，日課有生有洩，源源不絕，而水又生旺日課「甲」木年干，如是者，循環不息，故配以「辛」山不為忌。這是日課五行所轉化之妙用，精華在於時柱之干支上，是謂選時之巧妙。

由於祭主及山命為日課扶山相主的目標，故取日課以人命山命為中心，為了顧全大局，故擇日日課有時並非全是生旺山命，亦非全是生旺人命，筆者繼大師之經驗，是在人命及山命相配上要取得中和，兩者相兼顧，不偏於五行純一之氣，以惠及各命為主，格局不拘。

《本篇完》

（十九）呂師日課例一

繼大師

於一九九〇年庚午年，恩師 呂克明先生為劉先生之外父點地造葬於深圳大鵬灣，福主為劉生之細舅，年命為「癸巳」，墳取戌山辰向（睽），擇吉進棺於一九九〇年陽曆六月二日上午十時，日課四柱為：

庚午 年

辛巳 月

戊戌 日

丁巳 時

此日課天干由時干逆生至年干，「丁」時干火，生「戊」日干土，再生「辛、庚」月、年干，論天干之五行，以金為最旺，日課地支「午」、兩巳，火支生旺「戌」日土支，五行中以土支為最旺，時柱「丁巳」干支同屬火，故日課年、月之「午、巳」火支不剋頭上之「庚、辛」金，因日課日柱是「戊戌」純土氣，故五行得以轉化，成為火最強，火生旺土，土又強，土生金，金亦強，地支土最強，天干金最強，當配上「戌」山葬金，則「戌」山與日支相同，是同旺格，日課地支火土強而旺，大旺「戌」山。

此日課「辛」月干之貴人至「午」歲支，又一吉，日課配上「癸巳」福主，則「癸」人命天干之貴人到日課之月、時兩「巳」支上，而日課天干「庚、辛」金強而生旺「癸」水人命干，五行氣及貴人，福主均能取得，故相配得宜。

此日課並沒有任合格局，若要取局，亦可擇同年陽曆（一）五月十八日巳時，或（二）五月三十日巳時，日課四柱分別為：

（一）
庚 午 年
辛 巳 月
癸 未 日
丁 巳 時

（二）
庚 午 年
辛 巳 月
乙 未 日
辛 巳 時

此兩日課之好處是地支「巳、午、未」三會火局，能生旺「戌」山，日課（一）之天干「庚、辛」金干生旺日干「癸」水，水又剋「丁」時干，又同時剋地支三會火，故不甚吉，而日課（二）天干金強，剋「乙」木日干，地支三會火又剋天干金，故日課本身天干與地支相剋，故非大吉之象，雖此兩日課成格成局，只因有瑕疵，故呂師不取用。

呂師不取用這兩個三會火局之另一原因，其實是因為，造葬當天，劉先生亦到場，他生於「己丑」年，若取「癸未」日或「乙未」日，則地支「丑、未」相沖，人命天干剋日課之日天干，或被日課之日天干所剋，故此呂師不取格局，而取生旺之日課五行，這是重於扶山相主而不重於日課之格局，這最好兩者兼得。

總括來說，不取三會火局日課造葬之原因是：

（一）日課本身地支與天干相剋。

（二）日課日柱與福主同行之姐夫劉先生，其年命是天剋地沖。

基於此兩點原因，呂師不擇三會局日課。又造葬「戌」山，它與日課日柱「戊戌」日之地支相同，同氣則趨於旺，這就是以正五行擇日古法之「扶山相主」為目的。

《本篇完》

（廿）呂師日課例 二

繼大師

昔日有同班風水同門，邀請呂師點穴造葬父墳，墳碑坐「辛」向乙，福主「己亥」年命，日課取一九八九年己巳年陽曆五月廿九日下午六時，日課四柱為：

己巳 年
己巳 月
己丑 日
癸酉 時

此日課天干三個己土，是天干三朋格，地支「巳、酉、丑」三合金局，以天干五行計算，土甚旺，地支則金旺，本來日課三己土是剋「癸」水時干，但得本身地支金旺而轉化，則土、金、水三者順生而得以平衡。

此日課「癸」時干的貴人在日課之年、月兩「巳」支上，「己」年命祭主與日課三「己」干相同，是同旺局，日課年、月兩「巳」支，正與祭主「亥」命正沖，本來是不宜相配的，但為何呂師又擇此日課呢！筆者解釋如下：

（一）祭主之父親剛死不久，以火化而取其骨灰安葬，不宜擺放過久而不能「入土為安」，而吉穴已點着，不宜拖得太久，恐節外生枝。

（二）單以日課之年、月兩「巳」支而言，是正沖「亥」支年命，這是適逢祭主犯太歲之年，正是時也運也，但讀者若仔細研究，則會發現一些變化的，就是日課地支五行是三合金局，祭主「亥」是陽水，故以五行計算，是金生水，這反而大大生旺亥水，這是五行轉化之奧妙地方。

下葬當天，筆者有幸，一同目睹整個過程，更親自幫忙祭主師兄作鋤泥等雜務，當下葬前，呂師吩咐祭主師兄下山去也，當祭主離開造葬現場時，雖月、年地支正沖祭主，但祭主不在現場出現，則不會受日煞時煞之影響，這是造葬權宜之法，不隨明師現場親授，焉能知此方便法呢！今公開其秘，望有緣者珍惜之，則凶事可轉，吉事應之。

此日課可配：「己巳、己酉、己丑」年命人，亦可配「庚申、庚子」年命人，而「戊、辛」一命次之，忌「癸卯、癸亥、癸未」年命人，五行相沖，故選配宜小心。

《本篇完》

（廿二）呂師日課例 三

繼大師

呂師曾於一九九五年與劉姓福主擇日重修祖墳，地點在梅縣大埔，穴名「赤蛇繞印」，墳碑坐癸向丁（鼎），福主「己丑」年命，呂師擇於一九九五年陽曆十二月十五日下午四時正，日課四柱為：

乙亥　年
戊子　月
庚辰　日
甲申　時

日課天干三奇「甲、戊、庚」，年「乙」干之貴人到「子、申」月、時支上，地支月、日、時為「申、子、辰」三合水局，年支「亥」屬水，故地支一片水氣，配以「癸」山墳碑，「癸」山干之祿在日課「子」月支上，及陽刃在「亥」，一個不為忌，「癸」屬水，故日課是同旺局，亦集三奇及三合兩大格於一身，故日課極貴。

此日課配「己丑」年命祭主，則「己」命干之貴人到日課之月、時「子、申」二支上，而日課天干「甲、戊、庚」三奇之貴人到「丑」命年支上，互為貴人，「丑」年命與日課年、月之「亥、子」二支成三會水局，是同方位之北方水氣，故三者非常相配。

此日課是安碑之時辰，若預計重修古墳所需時間，可在約十日內前擇日動土，將舊墳拆去，重新修造，日課擇於一九九五年陽曆十二月八日下午四時動工，日課四柱為：

乙亥 年
戊子 月
癸酉 日
庚申 時

此日課本身「乙」年干之貴人到「子」月支，「戊」月干本身與「癸」日干合火，但月支坐「子」支，水剋火，乙年干支剋戊月干，故合不成，年、月之「亥、子」二支屬水，日、時「酉、申」屬金，日課「庚」時干之祿在坐下時支「申」上，地支一片金水之氣，大大生旺「癸」山，而日課「癸」日干又與坐山同旺，故擇此日動土旺山，則有利重修「癸」山。

以上兩日課中，以重新安碑之時辰為重，古人擇吉造葬死人，而人死歸土，選合佳期下葬，猶如亡人再生之命，故曰**《造命擇日法》**，清胡暉著**《選擇求真》**卷一**《選擇論》**

（玄學出版社印行第十一至十二頁）有云：

「又日生人之命。受稟於天。不能自我而造。造葬之命可自我造。故日造命。受山扶龍相主。全在四柱生扶。……」

故此，古法擇日造命法，以正五行干支生尅化合為主，其用法又與子平命理有別，以扶山相主為目標，用正五行及貴人祿馬在日課上，使人命及山命得時間及空間之五行旺氣生助，而擇日用事，不只限於造葬死人而矣，亦可用於：重修陽宅、神位安座、廟宇神佛之開光、動土、結婚、入伙、開張、喜慶宴會、各種開幕典禮、新路通車、新船下水禮、飛機新航、新年開工、祈福拜神……等，多不勝數。

基於擇日用事類別眾多，而擇日又以干支之正五行為主，故筆者繼大師把此古法名為：

《正五行擇日法》

《本篇完》

（廿二）五合六合日課例

繼大師

茲有福主生於一九八三年癸亥年於二〇二〇年庚子年修造陽居，屋宅「丑山」，門開「未」方，「庚」方作灶，安奉神位於「甲」方，擇吉於二〇二一年陽曆一月十二日下午六時正，日課四柱為：

庚子　年
己丑　月
庚申　日
乙酉　時

日課月干「己」土生年干「庚」，日、時干「庚、乙」合金，天干一片金氣，地支年月「子、丑」六合土，日、時支「申、酉」金旺，土又生旺金，故整個日課之土金二氣極旺；日課「己、乙」月、時干之貴人到年、日之「子、申」支上，年、日兩「庚」干之祿又在日支「申」上，故無論貴人及正五行氣皆有格局。

此日課配「癸亥」福主命，則日課土金之氣，以金生旺「癸亥」水命，日課為福主人命之印局。

此日課配以「庚」方作灶，則日課年、日兩「庚」干為同旺格，「申」日支是「庚」方祿之所在，日課金旺，大助「庚」方。陽居是「丑」山，故日課擇於「丑」月是同旺，「丑」支是三合金局之金庫，是歲德、月德、天歲，三德齊臨之月，日課兩「庚」干之貴人到丑，而「丑」山、「亥」人命及日課之「子」年，地支合三會水局，故相配得宜。

神位安奉於「甲」方，本來日課兩「庚」干是「甲」方之七煞，但方位屬於次要，而日課年、月「子、丑」合土同屬北方而水旺，水生旺甲方，亦是水土同宮，故不忌。

而此陽居坐丑山，在「未」方開門，「庚子」流年「申、子、辰」屬水，故「丙、午、丁」南方是三煞方，「巳」方是劫煞方，「未」方是歲煞方，而此日課之年、月「子、丑」支合土，單以「丑」月支是正沖「未」山方，「子、丑」化合後又同旺土氣，日課兩「庚」干之貴人到「丑、未」二方，擇日以陽居坐山方為扶山的對象，取坐不取向，故未方門不為忌也。

由於開門作灶需要一段時間，故可在數天前另擇日課動土，興工日子擇於二〇二一年陽曆一月七日下午二時，日課四柱為：

庚子　年
己丑　月
乙卯　日
癸未　時

此興工日課先由「庚」方動起，「庚」干之貴人到日課月、時「丑、未」支上，再引吉氣於未方正門，是以動吉方而引發吉氣，再以日課「子、丑」支之「丑」制「未」方歲煞。

此日課年、月二柱，「己」月干生「庚」年干，「子、丑」支六合化土，而日、時「卯、未」半三合木局，故「丑」月不當作沖「未」時，而日「乙」木干被癸水時干所生，「卯、未」半三合木局，用年、月「子、丑」先制「未」方，後再以日、時「卯、未」生旺之，「卯」日支又尅合「未」方，故尅制得宜，「己丑」月又是「庚」年三德齊臨之月，可化凶煞。

此日課之擇法，先以五行配人命及宅命之坐山，配合方位，配合陽居風水設計去裝修改造，故擇日法可用於陰陽二宅風水造葬上之配合，是謂時間及方位上之五行合用法。

《本篇完》

（廿三）貴人與正五行日課之取捨

繼大師

當筆者學習擇日期間，見有《**鰲頭通書**》，內有日課一例，其中云：

「范公與湘陰縣同元興下祖墳。艮山坤向。用辛丑年、癸巳月、辛酉日、癸巳時。後六十年大富。後六十年大貴。」

此日課四柱：

辛　丑　年
癸　巳　月
辛　酉　日
癸　巳　時

而於二〇二一年陽曆五月十三日早上十時之日課，其四柱與此日課相同，配以艮山坤向。此日課天干「辛、癸」在年、月及日、時，是為雙飛蝴蝶格，金水大旺，地支是「巳、酉、丑」三合金局，金極旺，由於日課例配以「艮」山，其並未符合古法正五行擇日法之基本理論，故筆者繼大師取此日課例，去請教恩師　呂克明先生，吾師說：

「此日課地支金旺，「艮」山屬土，土生金，故以正五行計算，此日課是洩「艮」山之土氣，由於此日課年、日兩「辛」干之貴人在「寅」支上，在廿四之雙山五行是「寅、艮」同雙山，故日課兩「辛」之貴人亦到「艮」山，但正五行擇日法，是以五行生尅為主，雖有貴人到「艮」山，仍不可取用也。」

筆者一向以為古書上所說的，一定正確吧！誰不知道，要用智慧分析，不可盲瞎附從，正五行擇日法，顧名思義是以五行生旺為根本擇日之理論，天祿之說，亦是以天干與地支同陰陽五行之關係而產生，再以貴人關係為輔助，此為之古法。

此日課可配「辛、酉、子、庚、癸」坐山大吉，「壬、巳、丑、申」四山則次吉，是以日課金水旺局生旺金水所屬之山，取同旺局及印局為吉，忌取「卯、甲、乙、巽、寅」五個屬木之坐山，因日課金旺尅木，故大凶，其次忌取「坤、艮、辰、戌、未」五個屬土之山，因土之坐山生日課之金，洩坐山之土氣，為洩局，故不吉，但「丑」山則不忌，因「丑」土是金庫，屬三合金之一份子，雖不忌，但較為遜色一些。

以二〇二一年來說，亦可取陽曆五月廿五日，可取「丑、巳、酉」三個時辰，日課為：

辛丑年
癸巳月
癸酉日
癸丑時　　丁巳時　　辛酉時

此日課中之三個時辰，以「丑」時配以「癸」干人命為佳，而「酉」時亦可配「辛」及「癸」干人命，若以「酉」坐山計算，則亦是以「酉」時最佳，取日課天干「辛」之祿到「酉」坐山，而「巳」時之日課，則適合配「癸巳」人命，而「丁巳、辛巳」命次之，取同旺干支為相配的原則。

因此，使用日課之時辰上，是依人命及山命為要，盡量用時辰之干支達到扶山相主之目的，忌日課剋山及人命，而當日課同時具備了貴人及五行氣，則以五行氣坐旺人命及山命為主，而貴人則次之，這便是「正五行擇日法」之原則。

《本篇完》

（廿四）可取用之破日日課

繼大師

坊間之擇日法，流派甚多，甚至有人主張奠基破土用破日，「破日」即是日支有相沖，日柱地支與年支相沖是歲破日，日支與月支相沖是月破日，通常在通勝上之破日日課上，會註有：「宜求醫治病、破屋壞垣」，「破日」顧名思義是破去一切不好的東西，但是「破日」，則不管好與壞，均一同破去，尤其是在破日、破月或破時，均容易發生不吉祥之凶事，例如有意外、災難等發生。

在胡暉著《選擇求真》〈卷二〉之用年法（玄學出版社第62頁及65至66頁）云：**「年則太歲也。最宜與山命三合六合及貴人祿馬年合。始為大利。切忌刑沖破害。名戰鬪太歲。謂以臣犯君。最為大凶。」**

在**《用日法》**中云：**「破日大凶。與月相沖日沖歲亦大凶。」**

又在**《用時法》**中云：**「若時沖月令與沖歲君皆凶。大事則忌。小事亦可勿執。但時破大凶。日支沖時支也。……古人多用建時。決不用破時。」**

以上所說，皆指日課中之地支互有相沖，「建時」即時支與日支相同，而現代人擇日，喜用破時、破日動土，這似乎受現代通勝上在破日所註**「宜破屋壞垣」**之影響，以筆者繼大師之理解，**「破屋壞垣」**者，是將不好的東西破去，例如古人將養豬之豬舍拆去，可擇破日拆之，但是，當重建給人居住之房子時，則須另擇吉日動土興工，這意味着，先把污穢不吉祥之屋破去便取破日，但再來重建時則不可取破日動土了。

以上在「用時法」中所說「小事亦可勿執」，這是在層次及輕重上之分別，例如在日課四柱地支中，以「子、午、卯、酉」之相沖地支為重，以「寅、申、巳、亥」四長生之相沖為次，沖四長生位，正是沖驛馬之地支，忌出外遠行，而最輕微之相沖地支，是「辰、戌、丑、未」支，當中，若日課天干有「甲」或「戊」或「庚」等，則「丑、未」二支之相沖又屬最輕，因「甲、戊、庚」之貴人在「丑、未」，這兩支互沖，亦是同得天上三奇之天干為貴人，故說「小事亦可勿執」。現舉一例如下：

有「乙未」年人命修造申山，擇於二〇〇五年陽曆一月十一日早上八時，日課四柱為：

甲申 年

丁丑 月

乙未 日

庚辰 時

此日課年、時「甲、庚」天干之貴人到日、月「丑、未」二支上，「乙」日干之貴人到「申」年支上，年天干「甲」木，生月天干「丁」火，「乙、庚」二干合金，日、月二支「丑、未」相沖，而「丁」火強，生土再生金，「未」日是月破日，雖兩支相沖，但同得「甲、庚」之天干貴人，整個日課土金強盛，大大生旺「申」山，「乙未」生人命與日柱相同而坐旺，日課與人命是互相為貴人，「乙」干之貴人又到「申」山，若在沒有選擇日子的餘地上，就只好以辰時來用事。

此日課之「未、丑」是木庫及金庫，庫沖則易發，若然有人覺得月破日用事有不安之感，這則可以大大放心了，原因是陽曆一月十一日，以中氣計算，已交入冬至，屬「丑將月將」所管，「乙」干之日於丑將所管之月內，「辰」時正是貴人登天門時，正是「神藏殺沒」之時，通書所謂**「六凶斂威。六神悉伏」**是也，又謂：**「貴人登天門。及時之最善者也」**。

故此，這月破日課取「辰」時用事大吉，其他時辰不可取。

《本篇完》

繼大師註：《貴人登天門時》之尋法，可參考筆者繼大師著《正五行擇日秘法心要》榮光園出版社，第七章「貴人登天門時之原理及尋法　《神藏殺沒四大吉時》」。

（廿五）各合局日課中天干及時辰之選取

繼大師

茲有「己亥」人命，修造「辛」山，取於二〇〇五年陽曆一月十三日早上十時，日課四柱為：

甲申　年
丁丑　月
丁酉　日
乙巳　時

此日課天干「甲」木生「丁」火，「乙」木時干又生「丁」火干，故天干「丁」火大旺，地支月、日、時是「巳、酉、丑」三合金局，天干月、日兩「丁」干之貴人到日支「酉」位上，「丁」干之貴人又到「亥」人命支上，日課之「乙」時干及「己」人命干之貴人到「申」年支上，日課與「己亥」人命均互為貴人。

此日課天干火旺而生助「己」土人命干，日課之地支金局及「申」支金旺而生旺「亥」水人命支，故此日課可配合「己亥」命人，這以五行而論。但兩丁為己命的偏印（即梟神），梟神奪食，（食神為子息）兩個免強尚可，而偏印（梟神）是以選配人命來說而論。

至於此日課修造「辛」山，則有少少缺陷，本身此日課天干「丁」火大旺，而地支金氣一片，是天干火尅地支金，日課本身天地相尅，這是天干不相配。筆者繼大師建議另取一日課，可取二〇〇五年陽曆一月二十五日早上十時，日課四柱為：

甲申　年
丁丑　月
己酉　日
己巳　時

此日課取「己酉」日以代替先前之「丁酉」日，而「乙巳」時改為「己巳」時，而地支不變，亦是三合金局生旺「亥」支人命，兩「己」干則同旺「己亥」之「己」干人命，原則上在配人命來説與前一日課並沒有分別，然而在配「辛」山上來説，「辛」祿在日課之「酉」支上，且金局同旺，極生助「辛」山。

但在整個日課上之正五行，因有「己」干之出現，所以日課「甲」年木干生「丁」月火干，再生旺兩「己」之日、時干，而「己」土是生旺金的，故此，整個日課不單只沒有互尅，且成順生金局，故同旺「辛」山之餘，亦可生助「己亥」命，這亦是以五行而論。

在此，若讀者細心研究，以上兩個日課本身亦沒有問題，只是前二例有「丁」火尅「辛」山，而上一例則有「己」土轉化而生金及水，但是當配上「己亥」命時，「巳」時與「亥」命是相沖的，我們擇日之原則，是**「日課各支，不可與坐山及人命地支相沖」**，沖則有損傷，損則易破敗，此日課可配：

「己酉、己巳、己丑、丁丑、丁酉、丁巳、辛酉、辛巳、辛丑」等人命。

配「乙酉、乙巳、乙丑」人命則次之，唯獨不可配「乙未、乙卯、乙亥、己未、己卯、己亥、丁未、丁卯、丁亥」等人命，因地支屬三合木命，「亥、卯、未」支是正沖三合「巳、酉、丑」支也，若一定要配「辛」山及「己亥」人命，則可擇於同日之早上八時辰時，日課四柱為：

甲申　年
丁丑　月
己酉　日
戊辰　時

此日之五行，基本上與上二例日課是一樣的，「甲」木生「丁」火，火生「戊、己」土干，土生「辛」山金，又與「己」人命同旺，而地支雖取「辰」時，然而「辰」與「酉」

支戌六合金局，「戊、己」天干又生旺它，「丑、酉」理論上雖是半合三合金，但被「辰」時支合去「酉」支，故不能成半三合局。

「申」年支又是金，整個日課金最旺，日課本身「丁」月干之貴人到「酉」日支及「亥」人命支，日課「甲、戊」年、時干之貴人到「丑」月支，故配合相宜。

此日課例，帶出一樣東西，就是取時辰而配人命，取「巳」時是沖「亥」人命，取「辰」時是妙用，既不減去金之成份，又避開與「亥」人命之相沖，這用時非常巧妙。

故選擇日課是全面性的，年、月、日、時各干支均全用得着，這要熟習後始能生巧，這方面非要老師改正不可，將經驗透過日課而將選取之技巧傳授給學生，則學生始能進步。

《本篇完》

（廿六）沒有格局之相配日課

繼大師

茲有「甲午」年生人，修造「酉山」，擇於二〇三四年陽曆七月十二日下午二時正，日課四柱為：

甲　寅　　年
辛　未　　月
己　巳　　日
辛　未　　時

首先此日課只得月、時兩辛干及未支，非天干三朋格，亦非地支三朋局，地支「巳、未」，還欠「午」支始為三會局，「甲」年干隔月干又不能與「己」日干成六合土，故此日課不成格局。

我們擇日，最重要就是扶山相主，此日課雖非格局，但其組合很好，日課本身「甲」年干之祿在本身歲支「寅」位上，「甲」歲干之貴人，在月、時兩「未」支上，兩月、時之「辛」干，其貴人在「寅」年支上，天干兩「辛」生「己」土，地支「巳」日火支生兩「未」支，四柱中，月、日、時三柱合相生五行，月、年兩柱雖五行不互生而相尅（辛金尅甲木，寅木尅未土。），但兩柱干支互為貴人（甲干貴人在未，辛干貴人在寅。），所以四柱各干支關係很好。

甲年屬陽木，地支「亥、卯、未」木局，未為木庫，故未之「歲德、月德、天德」全在「未」月支上，為「三德齊臨之月」，非常大吉。

此日課配上「甲午」人命，則「甲」干同旺年干，「甲」命祿在「寅」年支上，「甲」命之貴人在日、時兩「未」支上，日課月、時兩「辛」干之貴人同在「午」人命支上，「己」日干之祿又在「午」命支上，日課「未、巳」支拱「午」人命支而成三會局，故為拱命局。

「午」人命支又與日課「未」支合日月，「甲」人命干之食神在「丙」火干，「丙」火干之祿在「巳」支上，故「巳」支為「甲」干之食祿，「甲」人命干又與日課「己」日干成六合土，合財也，故此，日課非常生旺「甲午」人命，大吉之配搭。

此日課配「酉」山，則日課月、時兩「辛」干之祿在「酉」山，是祿聚於山，「己」干土又生「酉」金坐山；日課地支「巳」與「酉」坐山成半三合金局，亦甚匹配。

「甲寅」年中，二黑紫白年星入中，五黃到艮宮，「未」月內，六白紫白月星入中，八白紫白月星飛臨兌宮「酉」位，故又一吉也。

「甲寅」年三煞在坎宮「壬、子、癸」，「亥」山為劫煞，「丑」山為歲煞，都天煞在「辰、巳」二山，「巽」山為都天夾煞，故修造「酉」山，並沒有犯上以上各煞，故此日課配「甲午」人命及「酉」山均吉祥。

《本篇完》

（廿七）三奇兼拱格——太陽吉星化煞

繼大師

在選取日課格局中，可多格兼用，例如在「壬申」年，「己未」人命，修造「未」山，日課擇於二〇五二年陽曆八月卅一日中午十二時正，日課四柱為：

壬申　年
戊申　月
甲午　日
庚午　時

日課天干是不規則排列之天上三奇「甲、戊、庚」，加雜了「壬」年干，雖不是完全之天上三奇，但仍有格局，日課年、月「申」支及日、時兩「午」支，拱「未」支，故日課除三奇格外，亦是拱「未」貴格，「未」是本身天上三奇之貴人，故日課集兩格於一身。

又日課「庚」時干之祿到年、月兩「申」支上，所嫌者兩「午」支剋兩「申」支，但若拱「未」山，則為「未」山之左右，而以「未」支坐山為尊，在此情形下，則不作「午」支剋「申」支論。

此日課配「未」山，則成天上三奇及拱格之配局，，配「己未」人命是相同，而「己」人命之祿到日課兩「午」支上，「己」人命干之貴人到日課兩「申」支上，「己」命又與日課「甲」日干合土，無論貴人、祿及五行氣，兩者均得，故相配得宜。

「壬申」年之三煞在「丙、午、丁」，歲煞在「未」方，「巳」方為劫煞，都天在「申、酉」，「庚」山為都天夾煞；故此「壬申」年修造未山是犯歲煞方，若修造陽宅室內裝修，可從吉方修起。

是年昔逢二黑紫白年星入中，「申」月是五黃紫白月星入中，是二五交加入中，大凶之象，一般人是不敢使用的。筆者繼大師發覺，此日用事在時辰上是可以有權宜之法，煞來以用神制之，二五紫白入中可避開中宮凶方。

每年逢處暑後（約每年陽曆八月廿三至廿四，視乎每年流年而定，可參看萬年曆。），太陽吉星，於中午十二時四十六分（午時）到「未」山方位，此日課剛好擇於「午」時而修造「未」方，正符合太陽吉星到「未」方。

在胡暉著《選擇求真》玄學出版社第74頁《卷三》——《太陽》有云：

「太陽為萬宿之主。諸吉之宗。號星中天子。有人君之象。至尊之貴。照臨萬方。善宿遇之而增輝。惡曜逢之而斂伏。到山到向到方。大可修造安葬。然到向為上。到方次之。到山又次之。蓋到向則照我。而我有光輝。向榮之意。到方則拱我。到山惟帝王修造宮殿則宜。士庶家反不吉。恐難當其尊也。」

雖云太陽到山次之，是恐怕吉星太旺之故，但在犯歲煞及紫白二五入中宮之情形下，在修造「未」方，則可用太陽到「未」方化解之，太陽到山表可參閱《選擇求真》武陵版第五十四至五十六頁「太陽到方時刻表」，或參考筆者繼大師著《正五行擇日精義進階》榮光園出版社出版，第七章「太陽星之用法及原理」。

此日課除能使用太陽吉星到山方之外，日課之天上三奇甲、戊、庚，其貴人到「未」方，加上日課兩「申、午」拱「未」方，故此日課可化解凶煞。

《本篇完》

（廿八）都天煞之化解——三奇及貴人登天門時

繼大師

有「己亥」生人，造葬「子」山骨灰龕位，擇日於二〇〇五年「乙酉」年陽曆四月廿二日下午六時正，日課四柱為：

乙酉　年
庚辰　月
丙子　日
丁酉　時

乙酉年之凶方如下：

三煞方——甲、卯、乙
歲煞方——辰
劫煞方——寅
都天煞方——寅、卯、子、丑
都天夾煞方——甲、癸
歲破——卯

二〇〇五年年紫白星四綠入中，五黃到「乾」宮。月紫白星寅月八白入中，卯月七赤，辰月六白，巳月五黃，午月四綠，未月三碧，申月二黑，酉月一白入中，二黑于酉月飛臨「乾」宮。

年五黃及月二黑凶方——乾宮（戌、乾、亥）在「酉」月，陽曆九月七日至十月七日內，二、五紫白凶星飛臨乾宮凶方。

月五黃年二黑凶方——分別在「卯」月（陽曆三月五日至四月四日）及「子」月（陽曆十二月七日至二〇〇六年一月四日），紫白五黃月星加二黑年星，飛臨震方（甲、卯、乙）凶方。

乙酉年最凶之方位為「卯山」，犯了三煞、都天、歲破及二黑五黃凶星，尤以「卯」月歲破月為甚，「子」月次凶。

次凶方為甲方——犯三煞、都天夾煞及二、五紫白凶星。

次凶方為寅方——犯劫煞、都天煞及二、五紫白凶星。

在選擇日課安放骨灰於廟堂時，先找出該年之凶煞方，避免沖犯凶星，其次不要沖尅福主。此日課在「乙酉」年「庚辰」月，月令與年柱中，天干「乙、庚」合金，地支「辰、酉」又合金，故此月令之金氣旺盛，日、時「丙、丁」天干火旺尅金，地支「辰、酉」合金及「酉」時支生旺「子」日水支，故地支金水大旺。

雖日課有「丙、丁」火干，但與「乙」年干成隔干地上三奇格局，加上在配「己亥」人命時，「己」土生金而洩日課金氣，有「丙、丁」二火干，可生旺「己」土人命，故不忌，且非常相配。

日課「丙、丁」二干之貴人到「亥」人命支上，「己」人命干之貴人到日課「子」日支上，互相為貴，日課「乙」年干，雖是「己」人命干之七煞，然而一個不足為害，且日課地支金水大旺，生旺「亥」人命支。

此日課配上「子」山，地支金水又生旺「子」山，在「乙酉」年中，「子」山雖犯都天土煞，然而日課有兩大優點可化解之，玆列如下：

（一）日課地下隔干三奇「乙、丙、丁」，三奇可化煞。

（二）此日課化都天煞之主力是取「酉」時之妙，日課是陽曆四月廿二日「酉」時，已過谷雨中氣，是「酉將」主令，「丙」干日中，以「亥、酉」二時為**「貴人登天門時」**，故以此時辰去化解都天煞方「子」山。

此乃用時之巧妙，郭璞所謂：「藏神合朔」，煞沒者隱而不見之義，通書所謂：**「六凶斂威。六神悉伏。」**是也。

《本篇完》

（廿九）貴人與五行氣在制三煞中之使用法

繼大師

在日課選取中，若修造之坐山或山方犯上三煞而又要修造的話，我們可以制三煞坐山或方位，其原則是：

（一）以日課之正五行尅坐山，但日課不要有地支沖破坐山，如「子」山不可取「午」日，「卯」山不可取「酉」日等。

（二）當日課之五行尅坐山或方位時，同時間，日課之天干之貴人又到受尅之坐山或方位，則三煞受制於日課地支五行，同時日課天干之貴人祿馬生助受三煞的坐山或方位，生尅制化得宜。舉一例如下：

有「辛巳」生人祭主，修造「卯山」，擇日課於二〇二一年「辛丑」年陽曆五月十七日上午十時，日課四柱為：

辛　丑　年
癸　巳　月
乙　丑　日
辛　巳　時

「辛丑」年之三煞在「甲、卯、乙」震宮，「寅」山為劫煞，「辰」山為歲煞，年紫白六白入中，五黃在「巽」宮，「巳」月之月紫白二黑入中，月紫白五黃到「艮」宮，若修造「卯」山，則是年犯三煞方。

此日課可以制三煞，筆者繼大師解釋如下：

此日課天干「辛」金年干生「癸」水月干，「癸」水再生「乙」木日干，「乙」木日干大旺，故此「辛」金時干剋不着「乙」木日干。日課年、日地支同屬「丑」，月、時地支同屬「巳」，年、月地支與日、時地支均是「丑、巳」半三合金局，拱「酉」支而剋「卯」山，「酉」支在日課中並沒有出現，只是用日課半三合地支局之金，來剋制卯山之三煞。

「卯」山之三煞受制之後，隨後日課「癸」月天干之貴人到「卯」山，日課「乙」日干的祿亦到「卯」山，「卯」的坐山三煞，先被日課地支剋制而沒有被沖破，之後再得到日課天干的生助，這就是制三煞之原則。

配以「辛巳」祭主人命，則日課年、時兩「辛」干及月、時兩「巳」支，是同旺人命，日課「癸」月天干之貴人到「巳」人命，坐山及祭主人命均相配得宜，以五行化煞，貴人相助，扶山相主均大吉也。

《本篇完》

（卅）天德月德之使用日課課例

繼大師

日課中天德及月德加上本身天干坐太歲，即歲德，故稱三德，而三德之月是：

甲、己年——三德在 未 月

乙、庚年——三德在 丑 月

丙、辛年——三德在 戌 月

丁、壬年——三德在 辰 月

故只有「辰、戌、丑、未」土月支始能夠是三德齊臨之月，而當四個土支不在月支而在日及時支，則天干之關係便少了「月德」一德，只有天德及歲德，即是：

未支在日、時——天德、歲德在甲或己年干，若甲或己在月、日、時干上，則只是「未」支之天德。

丑支在日、時——天德、歲德在乙或庚年干，若乙或庚出現在月、日、時干上，則只是「丑」支之天德。

戌支在日、時——天德、歲德在丙或辛干，若丙或辛在月、日、時干上，則只是「戌」

之天德。

辰支在日、時——天德、歲德在丁或壬年干，若丁或壬在月、日、時干上，則只是「辰」之天德。現舉一例如下：

茲有「壬辰」年生人，修造「酉山」，擇於二〇一七年「丁酉」年，陽曆四月十一日上午十時正，日課四柱是：

丁　酉　　年
甲　辰　　月
戊　辰　　日
丁　巳　　時

此日課天干「丁」時干生「戊」日土干，「甲」月木干又生助「丁」年干而無力尅「戊」日土干，故天干火、土旺，日課年、月地支「酉、辰」合金，「巳」時支火生「辰」土而生旺金，故地支土金旺。

日課月、日兩「辰」支，其天德在年、時兩「丁」干上，「辰」月又是三德齊臨之月，「辰」日支之歲德在「丁」年干支上，故「丁」干與「辰」支是三德關係。年、時兩

「丁」干之貴人到「酉」年支上，故日課本身極貴。

此日課配「壬辰」命，則「壬」與日課「丁」合財，「辰」命與日課月、日兩「辰」支同比旺，「辰」命支雖是貴人不臨之支而得不到天干之助，但是「辰」命支之天德在日課之「丁」時干，「辰」命支之歲德及天德又在日課之「丁」年干上。

故有兩天德及一歲德之助，而「壬」人命干之貴人到日課之「巳」時支上，故相配得宜，以天德及歲德代替了「辰」命支之貴人不臨的缺陷。

因此，「辰、戌」二土支雖天干貴人不臨，我們可熟記其天德及歲德之關係，可使用在日課天干配合二土命支，以代替其天干貴人不臨之缺點，亦是一種權宜之擇日法，在八字命理中，有些派別是不重神煞的，在正五行擇日法上，雖以正五行生助坐山及人命為主，然而貴人、祿馬及三德之吉神，亦可輔助一二，若兩者兼得又何妨呢！

《本篇完》

（卌一）辰戌貴人不臨日課課例及配法

繼大師

在天干地支中，辰、戌支是貴人不臨之位，在擇日上，比起其他地支在選擇上，是少了貴人天干，但我們可以從同旺之五行氣上去選取，而用天干之神煞為輔，例如：「戌」支以「丙、辛」為天德，「辰」支以「丁、壬」為天德，這可補充其欠缺貴人之弊。茲舉例如下：

例一：有祭主「辛未」年生人，修造「戌」山，擇於二〇二六年丙午年陽曆二月廿一日正午十二時，日課四柱為：

丙 午　年
庚 寅　月
丙 寅　日
甲 午　時

此日課「甲」時干生「丙」日干而加上「丙」年干而尅「庚」月干，故天干火旺，地支年、時「午」支與日、月「寅」支成半三合火局，「甲」時干之祿到月、日「寅」支上，雖年、日兩「丙」干之陽刃到年、時兩「午」支上，但因「寅、午」半三合火局關係，這樣其火局是加雜「寅」支而不是純陰「午」火，故不作為陽刃計算。

此日課配「戌」山，則地支兩「寅、午」遙拱「戌」山而合三合火局，「戌」土為火庫，故被生旺，「戌」以「丙」為天德，故兩「丙」是天德吉星，而「丙」年干是太歲，亦為「戌」之歲德吉星，故以此為輔助，替代沒有天干貴人之缺陷。

此日課配「辛未」人命，則「辛」與「丙」合水，「未」與「午」合日月，「辛」命干之貴人到日課「寅、午」地支上，日課月、時之「庚、甲」干，其貴人到「未」命支上，互相為貴人，無論五行氣，或貴人，或天德、歲德吉星，均配合得宜。再舉一日課課例如下：

例二：茲有「戊辰」年生人，修造「丑」山，擇於二〇三二年「壬子」年，陽曆四月十六日上午八時正，日課四柱為：

壬　子　　年
甲　辰　　月
壬　辰　　日
甲　辰　　時

此日課天干兩「壬、甲」相生，水木二氣旺盛，地支三「辰」土而月「辰」支與「子」年支成半三合水局，水土二氣旺，「辰」月在「壬、丁」二年，為天德、月德及歲德齊臨，為三德齊臨之月，其餘日、時兩「辰」支，又以「壬」年干為天德及歲德，以「壬」日干為天德，而「辰」人命支亦相同，日課三「辰」與「辰」人命支屬同旺及水庫，故日課配「戊辰」年命生人甚吉祥。

此日課配「丑」山，則日課月、時兩「甲」之貴人到「丑」山，「子」年支又與「丑」山命支成六合土，三「辰」支陽土，雖是「丑」陰土之劫財，然而土氣渾厚，加上日課「子、辰」半三合水局，「子」年支合「丑」山命支成土，故不忌也。

若是「戊申」生人修造「申」或「丑」山，可擇同月之日課，即二〇三二年陽曆五月二日下午四時正，日課四柱為：

壬子　年
甲辰　月
戊申　日
庚申　時

則此日課天干是天上三奇貴格，其貴人全到「丑」山，甚合也，「申」山與日課地支「申、子、辰」合三合水局，日課日、時兩「申」支與「申」山同旺，又與「申」年命人同旺，「戊」人命亦是三奇格中之一干，故相配得宜。

此日課有三大格局，茲列如下：

（一）天上三奇「甲、戊、庚」。

（二）地支三合「申、子、辰」水局。

（三）三德齊臨之月。

若配「戊辰」年命生人，「辰」人命支雖天干上沒有貴人，但配此集三大格於一身之日課，則甚吉祥。而配「丑」山比「辰」山較佳，因為在「壬子」年紫白年星四綠入中，紫白月星在「辰」月，又是六白月星入中，故月紫白五黃凶星在「辰」月到「巽」宮之「辰、巽、巳」三山，故宜避之。

《本篇完》

（卅二）純五行或相生五行日課課例總論

繼大師

在正五行擇日法中，有天地同流格屬於五行一氣的日課，例如：二〇三八年歲次戊午，陽曆六月十日正午十二時，日課四柱為：

戊午　年
戊午　月
戊午　日
戊午　時

這是純火土之干支日課；除天地同流格外，我們可以用三合、三會、六合、五合或單獨干支之五行而產生一個五行氣極專之日課。茲舉例如下：

例一：天干五合，地支三會之金局日課，擇於二〇四〇年歲次「庚申」，陽曆九月十九日下午六時正，日課四柱是：

庚申　年
乙酉　月
庚戌　日
乙酉　時

日課天干「乙庚」合金，地支三會金局，是一個五行氣純金之日課，當配祭主人命或坐山山方時，可配同旺或印局，即：

（甲）同旺——配「庚、辛」天干，「申、酉」地支之人命或坐山，乾山或乾方。

（乙）印局——配「壬、癸」天干，「子、亥」地支之人命或坐山。

忌配受尅及受洩之人命及坐山，即：

（丙）受尅——配「甲」天干，「寅、卯」地支之人命或坐山。而配「乙」干人命及山命，「乙」雖與「庚」干合金，然為尅洩之局，亦不甚適宜。

（丁）洩出——配「戊、己」天干人命，「辰、未、丑」地支人命及坐山，「戌」山雖屬土，然而「戌」山是「申、酉、戌」三會方之一，故不甚忌，但非良好的配搭，忌配「坤、艮」屬土之山命，是洩土氣。

另外配尅出之人命或坐山，雖是財局，但仍洩人命及山命之氣，（配雄龍帶煞之龍山則例外）即是：

（戊）尅出——配「丙、丁」天干，「午、巳」地支，是人命山命尅日課，雖是命之財局，但洩了命氣。

例二日課：個別天干屬水，地支三會水局，擇於二〇二三歲次「壬子」，陽曆一月十二日早子時，日課四柱如下：

壬子　年
癸丑　月
癸亥　日
壬子　時

日課天干兩組「壬、癸」屬水，地支「亥、子、丑」三會水局，故日課是純水局，水氣非常旺盛，當配人命及山命時，配出同旺及印局（日課五行生旺人命山命）則吉，即是：

（甲）同旺——配「壬、癸」天干，「亥、子」地支之人命及山命。

（乙）印局——配「甲、乙」天干，「寅、卯」地支之人命及山命，配「巽」山亦是印局。

忌配受尅及受洩之人命及山命，即：

（丙）受尅——配「丙、丁」天干，「巳、午」地支之人命及山命，「巳」沖「亥」日支，「午」沖年、時「子」支，「午」山是歲破方，故大凶。

（丁）洩出——配「庚、辛」天干，「申、酉」地支之山命及人命，屬水之日課洩金氣山命、人命，配「乾」山亦同一理，故不宜相配。

（戊）尅出——配「戊、己」天干之人命，及「辰、戌、未」之人命及山命，配「艮、坤」山命，均是命尅日課而易洩命氣，故不宜相配。「丑」土是金庫，又是三會中「亥、子、丑」之一份子，雖然不忌但不是良好的配搭。

以上之例二與以下之日課雖組合之干支不同，但仍屬水，故與例二同論。日課是二〇二二年歲次壬子，陽曆十二月一日下午四時，日課四柱為：

壬子　年
辛亥　月
辛巳　日
丙申　時

此日課之月干為辛金，生「壬」年干水，「辛」日干又與「丙」時干合水，地支「巳」日與「申」時支六合水，年、月支「子、亥」亦是水，故水氣特旺，與例二之日課同論。因「辛亥」月與「辛巳」日的天干相同，又「申」時支與「巳」日支成六合水之故，因此「亥」不與「巳」沖，但在其他時辰，就是「亥」沖「巳」，所以「申」時支是解神。

例三日課：五行水、木大旺之日課，擇於二〇四六年歲次「丙寅」，陽曆三月九日上午四時正，日課四柱為：

丙寅　年
辛卯　月
丁卯　日
壬寅　時

例三日課年、月「丙、辛」天干合化水，日、時「丁、壬」干合化木，水生木而木大旺，地支年、時「寅」支及日、月「卯」支全部屬木，整體日課木氣大旺，可配同旺及印局之人命及山命，即是：

（甲）同旺局——配「甲、乙」天干，「寅、卯」地支之人命及山命，配「巽」山山命，同屬木，大吉。

（乙）印局——配「丙、丁」天干，「巳、午」地支人命及山命，日課生助人命及山命，木生火，吉也。

忌配受剋及受洩之人命及坐山，即是：

（丙）受剋——配「戊、己」天干人命，「辰、戌、丑、未」之人命及山命，「艮、坤」二山山命，則山、人之命受日課五行所剋，木剋土，故不宜相配。

（丁）食傷局（洩出）——配「壬、癸」天干，「亥、子」地支，雖日課年、月天干是「丙、辛」合水，但其餘六干支是木，水生木，故洩其水氣，忌配水干支之人命及山命。

另配屬金之人命及山命，是命剋日課，為財局，除配雄龍帶煞之來龍外，其他均不宜。命剋日課即是：

（戊）財局（剋出）——配「庚、辛」天干，「申、酉」地支之人命及山命均不宜，「申」是歲破方，與「酉」支同沖日課兩「寅、卯」，故大凶。另「乾」山屬金，亦是山尅日課而洩金之氣，金剋木，故亦不宜相配。

例四日課：五行木、火大旺之日課，擇於二〇四七年歲次丁卯，陽曆二月廿八日正午十二時，日課四柱為：

丁卯　年
壬寅　月
癸亥　日
戊午　時

此例四日課年、月「丁、壬」合木，日、時「癸、戊」合化火，本來有亥日支尅火，使戊癸不能合，妙在有寅月支合亥而成木，故戊癸可合化火，木生火而趨於大旺，年支卯是木，各木支生旺「午」時火支，因「亥」日支與「寅」月支化合木，而「亥」日支水不作尅「午」時支論。

故整個日課，木火大旺，屬木、火兩種五行之日課，其相配人命及山命上，與其他屬單一五行之日課有少許分別，即是：

（甲）同旺而少洩——配「甲、乙」天干，「寅、卯」地支之人命及山命，配

「巽」山山命，五行均屬木，日課八個字中，佔了五個是木，三個是火，當配木之人命及山命，則有八分之五是同旺局，八分之三是洩局，因木生火，火洩木氣，故為次一些的配搭，次吉。

（乙）印局——配「戊、己」天干之人命，及「辰、戌、丑、未」之人命及山命，配「艮、坤」土山山命，則日課火氣大旺而生助土命，而日課中的五個木氣——（「丁、壬」合木、「寅、亥」合木、卯木）不會尅土命人命及山命，反而加強日課之火氣而生旺土命。

但以配天干為佳，因為日課「癸、戊」是天干，故生旺天干人命及坐山，如「坤、艮」山命，「戊、己」人命，亦可配「戌、未」二山，配「辰、丑」二山則次之。

（丙）受尅——配「庚、辛」天干，「申、酉」地支之人命及山命均不宜，尤其是「酉」命，沖太歲，「酉」山是歲破方，故大凶，配「乾」山亦受日課所尅，配「申」命則被日課「寅」月支所沖，「巳」命被「亥」日支所沖，「子」命被「午」時支所沖，均不宜相配。

（丁）洩出及剋出——配「壬、癸」天干，「亥、子」地支之人命及山命，則剋火旺之日課而受洩，又因生日課之木氣而洩，故不宜相配。

（戊）印局、旺局——配「丙、丁」天干，「午」支之人命及山命，則被日課五個木氣所生，與三個火氣同旺，故大吉，而忌配「巳」火支，因正沖日課之「亥」日支而不吉，雖「寅、亥」日、月地支合木，但「亥」在日柱地支較為旺盛，故不甚適宜相配。

例五日課：五行火土相生日課，擇於二〇四九年歲次己巳，陽曆十月十九日正午十二時，日課四柱為：

己巳　年
甲戌　月
丁卯　日
丙午　時

此日課年、月「甲、己」干五合化土，日、時「丙、丁」屬火，火土俱旺，日課月、日「戌、卯」二支六合化火，年、時支「巳、午」亦火，故整個日課八字俱火土大旺，是兩種五行同旺之日課，在配人命及山命上是兼旺兩種五行的，茲列如下：

（甲）同旺——配「丙、丁」天干，「午、巳」地支之人命及山命，八個字中，佔了六個是火而同旺，又佔了兩個土而洩火干支人命山命，故是三份一洩局，三份二同旺局，仍吉也。

（乙）印局——配「戊、己」天干之人命，及「戌、丑、未」之人命及山命，配「艮、坤」土山山命，則日課六個火之干支是印，生助土氣，而「甲、己」合化之土同旺。故三份一是同旺，三份二是印局，均大吉也。配「辰」命是沖月支，不甚吉，但仍可勉強使用，因「卯、戌」合化火，「戌」支在月令故，若「戌」在日支，則不可取。

（丙）受尅——配「壬、癸」天干之人命及山命均受日課之土氣所尅，而「亥、子」支除受尅外，更沖年、時之「巳、午」支，故不宜相配。「亥」支是沖「巳」支太歲，亦是歲破方，大凶。

（丁）洩出及尅出——配「甲、乙」天干，「寅、卯」之人命及山命，及配「巽」山山命，則木生火而洩去人命及山命之木氣，木命又尅日課「甲、己」之土氣，三份一是尅出，三份二是洩出，故不宜。

（戊）配「庚、辛、申」屬金之干支人命山命，雖日課有三份二是火，但未能剋金命，因日課火生「甲、己」土，土再生金，但「酉」山命及人命是沖「卯」日支，故宜避之，但擇日日課，以日柱為主要之力量，「甲、己」合土出現於年、月干上，其力量則次之。

以上各日課課例，除以正五行「生、剋、洩出」而論之外，亦與祿、三奇等神煞同看，此為輔助也，讀者宜熟玩。

《本篇完》

（卅三）破日破時日課課例

繼大師

在正五行擇日法上，正常日課之選取，我們要避開破日及破時，避免發生凶事，但有一些情況下，是不作破日破時看的：就是日課天干是五合，地支是六合，年與月及日與時兩組各成化合，則可作別論。

例一：有祭主「辛未」生年命人，修造「申」山，擇於二〇〇五年歲次「乙酉」，陽曆四月廿五日晚上八時正，日課四柱是：

乙酉　年
庚辰　月
己卯　日
甲戌　時

此日課年、月天干「乙、庚」五合金，地支「酉、辰」六合金，年、月是純金之組合，日、時之「甲、己」天干五合土，地支「卯、戌」六合化火，火生土，土旺而再生金，故整個日課以金為最旺。

由於日、時支「卯、戌」合火而生旺「甲、己」天干五合土，再生旺金，故此，「卯、「戌」化合之火不尅「酉、辰」金支，由於「卯」日支與「戌」時支六合化火，故「卯」日雖是沖太歲「酉」支，為歲破日，但不作沖太歲論，但除了戌時之外，其他時辰與「卯」日支不合，沒有「戌支解神」，則「卯」日支便打回原形，便作破日看了。

「戌」時支雖是破時而沖「辰」月支，但與「卯」日支合而不作破時論，「卯、戌」日、時支互合而同作彼此之解神，故以互合而將破日、破時去轉化，使日課之五行由火生土再生金，「乙」年干與「庚」合而不尅「己」日干，「庚」月干又不尅「甲」時干，故大吉。

此日課配「辛未」人命，則日課月、時「庚、甲」二干之貴人到「未」人命，「辛」人命之祿到「酉」年支，日課金旺而助旺「辛」金人命干，日課日、時是火土旺而生助「未」命，雖年、月金洩「未」土，仍屬中和之間，故不為忌。

此日課金旺而生助「申」山，日課「庚」月干之祿到「申」山，「乙、己」年、日干之貴人亦到「申」山，故相配大吉。

此日課可配「庚、乾、辛、酉」等屬金之山命，而「卯」日表面上是沖「酉」山，但選取「戌」時化合火生土再生金，則不作沖「酉」山論，因六合是解神，取「庚、乾、辛」山為首選，「酉」山次之。

此日課可配「乙酉、乙巳、乙丑、己酉、己丑、己巳、庚申、戊申、壬申、辛酉、辛巳、辛丑、癸巳、癸酉、癸丑」等人命，以得日課之貴人及五行氣為佳，達到扶山相主之目的。

以上日課年、月及日、時各天干及地支互合，然而，未必天干全合始能選取這些格局，亦可以選取只得地支六合，而天干不合的格局，例如：

例二：祭主「癸卯」人命修造「午」山，擇於二〇二五年歲次「乙巳」，陽曆八月廿二日早上四時正，日課四柱為：

乙巳　年
甲申　月
癸亥　日
甲寅　時

此日課不同於例一日課，「乙」年干、「甲」月干及時干屬木，被日課「癸」日干生旺，且各不互合，年、月「巳、申」支成六合水，日、時「亥、寅」化合木，水生木而大旺，因地支各有六合，故「亥」日雖是歲破日，「寅」時雖是月破時，而不作破日、破時論，六合地支亦互為解神，解去沖破隔支之支神，若在其他時辰，則作破日、破時計算。

此日課配「癸卯」人命，其五行同水木之氣，是同旺局，日課及人命之「癸」干，其貴人到日課「巳」年支上，日課「癸」日干之貴人到「卯」人命，互為貴人，大吉之相配。

此日課配「午」山，日課水生木，木旺而生助「午」火山，日課「癸」日干水因生旺其他「甲、乙」木干，則不作尅「午」火地支坐山論，「癸」水生木，再生旺「午」坐山。

因此，擇日之五行氣，最重要生助坐山及人命，用五行氣之轉化，以選取日、時為巧妙，得祿得貴為佳。此日課雖然吉祥，但於「寅」時（4:00am）用事，無論是下葬、動土或陽居修造等，均不合時宜，筆者繼大師只是舉一例子作為分析，好讓讀者們參考。

《本篇完》

（卅四）權宜法之課例

繼大師

有男命祭主，「壬寅」生年，公司搬遷，新公司坐未山，於二〇〇五年陽曆五月裝修，年及月柱為：

乙 酉 年
辛 巳 月

因年月之地支是半三合金局，天干「辛」金亦旺，對於「壬寅」命之「壬」干是金生水而旺，但日子之地支是半三合金而尅「寅」命木，在此情形下，我們可取合水之日、時地支相配，使水旺而生助「寅」命祭主，故可取於二〇〇五年陽曆五月八日晚上十一時半作動工之祭祀儀式，日課四柱為：

乙 酉 年
辛 巳 月
壬 辰 日
壬 子 夜子時

由於其新公司剛簽租約，又要在五月初盡快裝修，公司屋內坐未，「未」山為木庫而屬土，而「酉」年「巳」月，地支半合金局而洩「未」山之土氣，故以權宜之法，取其旺方以日課助旺之。

此日課地支金水大旺，「辛」月干生日、時兩「壬」干，而「壬」人命干是同旺，故天干相配甚吉，人命「寅」支屬木，被日課「子、辰」半三合水生旺之，日課「辛」月干之祿到「酉」年支，其貴人又到「寅」命支，故日課能相主。

此日課金水大旺，雖未能與「未」山相配，但可取「壬」山方設一香案，坐「壬向丙」，「壬寅」年祭主用這日課向「壬」方祭地神，取其旺氣，由吉方拜起，後再拜四角，香燭茶肉奉之，此乃權宜之法，取吉方祭神，翌日便可動工裝修，動工之日要緊貼祭祀之日，不宜隔日動工，否則過了氣便沒有功效。此乃筆者繼大師所用之權宜法，就時間地方，而靈活地使用日課相配，可取翌日動工。

《本篇完》

（卅五）擇日開張日課課例

繼大師

茲有某公司開張，女福主乙丑年生，男福主戊午年生，想在2016丙申年陽曆九月中至十月開張。現開張日期擇于：

日課（一）陽曆2016-10-19日星期三（12:00hrs）日課四柱：

丙申　年
戊戌　月
甲戌　日
庚午　時

日課為天上三奇「甲戊庚」貴格，貴人到乙丑年命地支，乙年命干的貴人，到日課「申」年支上，戌月月令，為歲德、天德、月德所臨，為三德齊臨之月，地支戌、午半三合火局，生旺戊午男命，是開張大吉之時。

因為開張的寫字樓並非看風水，故沒有需要量度其坐向，擇日師應該提供當天的吉祥方位，當天為甲戌日，喜神、貴神在東北方，財神、吉門在東南方。如有需要取吉方用事，福主可自行作出選擇。

日課（二）陽曆 2016-10-15 星期六（16:00hrs）日課四柱：

丙 申 年

戊 戌 月

庚 午 日

甲 申 時

日課天上三奇「甲戊庚」貴格，貴人到「乙丑」年命地支，乙年命干的貴人，到日課年、時兩「申」支上，戌月月令，為歲德、天德、月德所臨，為三德齊臨之月，日課之月、日地支「戌、午」半三合火局，生旺「戊午」男命。

日課取「申」時（16:00hrs）**「為貴人登天門時」**，神藏殺歿之時，日課庚日干之祿，在申時及申歲支上。

當天為庚午日，喜神在西北方，貴神在西南方，財神、吉門在正東。可查看通勝內的「六甲相冲及吉凶神方位表」，取吉方而用，凶方則避之。

擇日開張日課不同於結婚嫁娶，不用提供男女福主的胎元，但為了謹慎起見，可以計算他們的命宮干支，免得日課冲犯，這些是筆者繼大師的經驗，僅供各讀者參考。

《本篇完》

（卅六）擇日安床日課課例

繼大師

茲有男福主及女福主同在「戊申」年生，兒子「丙子」年生，女兒「丁丑」年生，擇日安床於陽曆 2016-8-23，日課四柱：

丙申　年
丙申　月
丁丑　日
乙巳　時

日課分析如下：

（一）日課年、月兩「申」支與男女福主同旺，男少主「丙子」命，天干與日課年、月兩「丙」干同旺，女少主「丁丑」命同日課日柱同旺。三個福主人命「丙」干生年的貴人在「酉」而被日課「丑、巳」日、時支邀拱三合金局，是邀貴格。男女福主「戊」干之貴人到「丑」日支。

（二）日課年月、日、時是純粹「乙丙丁」地上三奇貴格，地支「丑」日「巳」時半三合金局，生旺男女福主「申」支，又與女少主「丁丑」命地支半三合金局。

可惜「丁丑」為貴空日（空亡貴人日），略微遜色一些，其分析是：甲戌旬是「申、酉」支空亡，甲戌旬內有「甲戌、乙亥、丙子、丁丑、戊寅、己卯、庚辰、辛巳、壬午、癸未。」

「庚辰」日是「申」的祿空日，「辛巳」日是「酉」的祿空日，「乙亥」日是貴空日，「丙子、丁丑」日亦是貴空日。

此日課論五行則可以，地上三奇格亦甚好，「安床」比較小事，但要查閱通勝如下：

（一）查該日的胎神在何方，免得冲犯。

（二）最好有床的坐山（廿四山）資料。睡覺的人所屬生年干支，扶山相主也。

（三）要知道睡床在屋子裏的何方位，免得冲犯。

論此日課是可以的，唯一小缺點是日課兩丙干為戊年生人的偏印，（即梟神），梟神奪食，但有兩個梟神是可以接受的。

安床是小意思，最重要是，不能冲犯該日子內到臨安床方位的神煞。

《本篇完》

（卌七）結婚擇日日課課例

繼大師

茲有男女，欲于2017年農曆八月後結婚，其資料如下：

女家父親及母親：甲午年生

男家父親：甲午年生

男家母親：丁酉年生

新郎出生四柱：

辛酉　年

戊戌　月

乙丑　日

壬午　時

胎元——己丑

命宮——辛丑

新娘出生四柱：

丙寅　年

辛丑　月

己卯　日

癸酉　時

胎元 —— 壬辰
命宮 —— 乙未

過大禮日期擇於：陽曆 2017-11-11 星期四18:00hrs

丁 酉 年
辛 亥 月
壬 寅 日
己 酉 時（貴人登天門時）

日課避開冲剋男女新人的命宮、胎元及兩家父母等人的生年干支，即係：—— 甲午、丁酉、辛酉、丙寅等人的生年年命，及男女新人的胎元 ——「己丑、壬辰」及命宮 ——「辛丑、乙未」。

通常過大禮日期多擇於結婚前的一個月，但因為擇日結婚日子的前一個「庚戌」月，正冲女新人的「壬辰」胎元，故取「辛亥」月。筆者繼大師分析日課如下：

（一） 此過大禮日課「壬寅」日，為男新人「辛酉」天干的貴人，「辛」的貴人在「寅」。

（二）日課年及時的「酉」支與男新人「辛酉」及男母生年「丁酉」支同旺。男新人「辛酉」之「辛」干，其祿到日課「酉」年及時支上。

（三）女新人「丙」干及男母「丁」干的貴人，同到日課年及時的「酉」支上。

（四）日課本身的「己酉」時是「貴人登天門時」，日課「辛」月干的祿到年、時兩「酉」支上，丁年干的貴人到坐下「酉」歲支及時支上，亦到「亥」月支上，日課「壬」日干的貴人為「卯、巳」支，正沖日課年、時、月的「酉、亥」支，為「沖貴」，貴人從外而來。

（五）男父及女父、母甲午年生，甲干之祿到日課「寅」日支上。

雖然此日課不是什麼格局，但沒有沖剋各人，筆者繼大師認為取「貴人登天門時」則非常圓滿。

擇日結婚日期：（一）男、女方上頭時間：陽曆 2017-11-22 星期三 20:00hrs

丁酉　年
辛亥　月
癸丑　日
壬戌　時　（貴人登天門時）

雖然上頭之日為「癸丑」日冲新娘命宮「乙未」，因為通常結婚前一日晚上為上頭的時間，而上頭屬於次要，冲生人年命比冲命宮日課為重，而日課與人中三奇「壬癸辛」及貴人登天門時，筆者繼大師認為此吉星可以化解冲尅。

若要兼顧和配合所有做事時間，恐怕什麼日子都擇不到，我們只要找到吉星化解便可以，不必拘泥於小節。

（二）結婚日期：擇於陽曆 2017-11-23 星期四 08:00hrs 到女家接新娘。四柱為：

丁酉　年
辛亥　月
甲寅　日
戊辰　時

若當日簽署結婚註冊証書，可擇時間為：陽曆 2017-11-23 星期四正午 12:00hrs

丁酉　年
辛亥　月
甲寅　日
庚午　時（貴人登天門時）

此註冊日課至為重要，與過大禮的日子同屬「寅」日，與女新人「丙寅」年同旺，男父及女父母「甲」干生年之祿到「寅」日支。

日課本身天干與地支互相為貴人，「辛」月干的貴人在「寅」日及「午」時支上，「丁」年干的貴人在坐下「酉」歲支及「亥」月支上，午時為「貴人登天門時」，為註冊結婚的最佳時辰。

男女新郎新娘于17:15hrs到達酒樓（17:00hrs後）其餘人等可以下午四點後到酒樓，因為「申時」正沖女命「丙寅」生年，「酉時」是坐旺男命「辛酉」生年。

通常酒樓入席時間為20:00hrs，四柱為：

丁　酉　年

辛　亥　月

甲　寅　日

甲　戌　時

時辰並沒有任何沖犯，一切吉祥如意！

《本篇完》

（卅八）為何農曆正月配用「寅」月而不是「子」月

繼大師

一年有十二個月，配以十二地支：「子、丑、寅、卯、辰、巳、午、未、申、酉、戌、亥」，按道理上，應該以子月為一年第一個月的開始才對，但為何會把正月排到寅位而成寅月呢？筆者繼大師現解釋其原因如下：

地球以太陽為中心，環繞太陽旋轉，循環不息，地球因為傾斜了 23.5 度自轉（中國古代術數家推算為 22.5 度），所以南北半球出現有四季的天氣。

以中國大陸的位置去計算，每年受日光最少的一天，就是冬至日那天，之後，每天日光之時間逐漸增長，中國古代易學術數家認為冬至日之後，就是「冬至一陽生」，故有「冬大過年」之說。「冬至」之前的一個中氣是「大雪」，「大雪」是節，「節」是定月令之分界日，氣是整個月最中間的日子，這純粹以地球與太陽之間去計算而論，與月球環繞地球而成一個月無關（初一至廿九或卅），不過兩者同時計算，其實農歷是以地球、月亮及太陽一同計算的，可以說是中西曆共用。

故此在「大雪」與「小寒」之間，中間之日就是「冬至」中氣，就是北半球全年最少日光的一個月份，故此「大雪」與「小寒」是節，配以「子月」開始，再來是「小寒」與「立春」之間，配以「丑月」，「立春」與「驚蟄」之間，配以「寅月」，以「節」定月令，「氣」是月份中間之日，故以「節氣」稱之。

因為寅月（正月）由立春日開始計算，是年與年間之分界線，但為什麼中國人不用「大雪」與「小寒」之間的冬至日（子月）作為計算一年的開始呢？

原因是中國古代易學術數家將一年十二個月，依卦象理數配合天象，以十二個六十四卦排列，象徵日光漸多及漸少的變化，稱之為「十二辟卦」。筆者繼大師解釋如下：

（一）以廿四節氣中的「立冬」至「大雪」之間為農曆十月「亥月」節令，「小雪」為十月之中氣，是全年日光最少時段的一個月，為純陰，故配以「坤卦」，上下卦均為坤，又配以十二地支最後一個的「亥」為月令。

（二）「大雪」與「小寒」的中間，其中氣是「冬至」，是農曆十一月「子月」節令，一過了「冬至」日，日光漸長，陰盡則陽生，故稱為「冬至一陽生」，卦象配以地雷復卦（上卦坤，下卦震），初爻為陽，其餘五爻皆陰，故以十二地支之首「子月」排列。筆者繼大師除得恩師 呂克明先生傳授易盤六十四卦卦理之外，亦化了很多時間去研究，這「十二辟卦」，正是楊筠松先師在《天玉經》所說的「十二陰陽」路排。總是掛中來。」「十二辟卦」即「十二陰陽」其中一個排卦的方法是也。

（三）「小寒」與「立春」的中間，其中氣是「大寒」，是農曆十二月「丑月」節令，卦象配以地澤臨卦（上卦坤，下卦兑），初爻及二爻為陽，其餘四爻皆陰。

（四）「立春」與「驚蟄」的中間，其中氣是「雨水」，是農曆正月「寅月」節令，卦象配以地天泰卦（上卦坤，下卦乾），初爻、二爻及三爻為陽，其餘上卦三爻皆陰，有天地祥和，萬物生長之象。

因此中國古代易學術數家，不用「大雪」與「小寒」之間的「子月」（卦象地雷復卦）作為一年的開始，而取其吉祥意思，由於地天泰卦，其下卦為三劃陽爻，故稱「三羊開泰」或「三羊啟泰」，羊與陽同音，「祥」字右邊從羊，故以「羊」作吉祥語。因此一年的開始，以農曆正月配用「寅」月，而不用「子」月，原因在此。

《本篇完》

地支所屬陰陽五行生肖月份
及十二辟卦圖

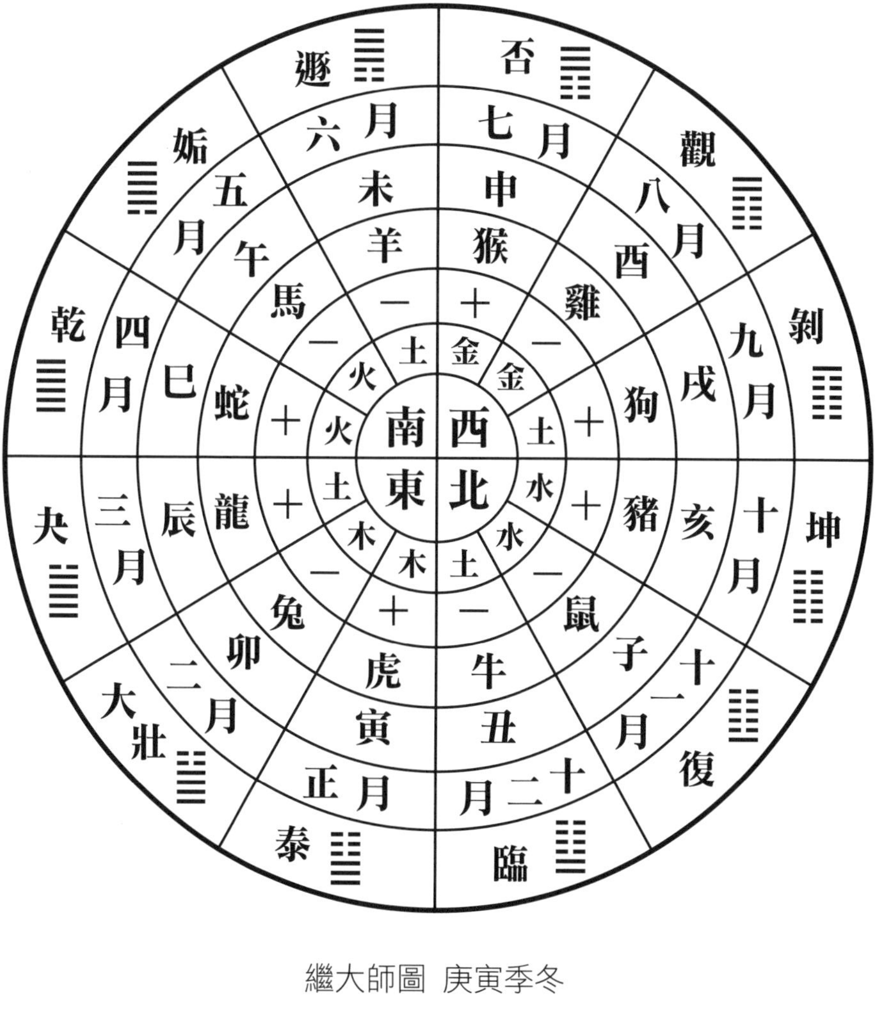

繼大師圖　庚寅季冬

（卌九）丁酉年立春日的八字四柱排法

繼大師

二〇一七年「丁酉」雞年有閏六月，立春日在農曆正月初七（立春時辰 2017-2-3 23:34hrs）及十二月十九日（陽曆 2018-2-4 卯時 —— 05:28hrs）是雙春兼閏月之年，正月初七日的立春時辰（2017-2-3 23:34 分）在夜子時。

在坊間出現了三個立春日四柱八字的版本，筆者繼大師列之並分析如下：

（一） 丁 酉　年
壬 寅　月
辛 酉　日
庚 子　時（夜子時）

廿四節氣中以立春日定為年與年之間的分界線，故在立春之後，就是農曆新一年的開始，二〇一七年干支紀年為「丁酉」年，用「年上起月法」，口訣是：**「甲己之年丙作首。乙庚之歲戊為頭。丙辛寅月從庚起。丁壬壬位順行流。更有戊癸何方發。甲寅之上好追求。」**

即是：甲、己之年起丙寅月。　乙、庚之年起戊寅月。　丙、辛之年起庚寅月。
丁、壬之年起壬寅月。　戊、癸之年起甲寅月。

排至丁酉年，就是起「壬寅」月干支。查萬年曆 2017-2-3 日的干支是「辛酉」，二月四日的干支是「壬戌」。立春時辰是 2017-2-3 23:34 分（夜子時），若決定「日與日之間的分界時辰」在「零時零分」，則立春時辰未過晚上十二點，故仍作二月三日的「辛酉」日干支計算。

「辛酉」日起「戊子」早子時，順排為：

戊子（00:00 - 00:59）、己丑（01:00 - 02:59）、庚寅（03:00 - 04:59）、
辛卯（05:00 - 06:59）、壬辰（07:00 - 08:59）、癸巳（09:00 - 10:59）、
甲午（11:00 - 12:59）、乙未（13:00 - 14:59）、丙申（15:00 - 16:59）、
丁酉（17:00 - 18:59）、戊戌（19:00 - 20:59）、己亥（21:00 - 22:59）、
庚子（23:00 - 23:59）夜子時。

用「日上起時法」口訣為：「甲己還加甲。乙庚丙作初。丙辛從戊起。丁壬庚子居

。戊癸壬為首。餘辰順序推。」

排至辛酉日，以戊子干支起初子時，即是：戊子時 —— 00:00 - 00:59 。立春後 23:35 分是屬「庚子」時，即是上述第一項之四柱八字。

（二）丁酉 年

壬寅 月

壬戌 日

庚子 時

此四柱八字為何用「壬戌」日呢？筆者繼大師認為：一般人認為，既然是子時為一日的開始，晚上一踏入 23:00hrs ，就是子時，認為應該就是第二天，立春時辰在 2017-2-3 23:34 分，故不用 2017-2-3 的「辛酉」日，而用 2017-2-4 的「壬戌」日。

以「日上起時法」計算，「壬戌」日起「庚子」時。故排成以上第二項的四柱八字。這是錯誤的，因為我們日常人，以晚上十二點（00:00hrs）為第一日的開始，西曆也如此，怎能夠用 23:00hrs 作為一日的開始呢？於理不合。

（三）丁酉　年
　　　壬寅　月
　　　辛酉　日
　　　戊子　時

筆者繼大師分析如下：既然認定 2017-2-3是「辛酉」日，用古法「日上起時法」口訣為：「丙辛從戊起。」就是以「戊子」時為第一個起排的時辰，然而立春時辰是在 2017-2-3 23:34 分，就不是 2017-2-4 的「壬戌」日，更不應該排為「戊子」時，應該順排到下一週期到「庚子」時才對。「辛酉」日排出的時辰干支即是：

「戊子、己丑、庚寅、辛卯、壬辰、癸巳、甲午、乙未、丙申、丁酉、戊戌、己亥、庚子。」

明顯地，這是一個「錯排的時辰」。若然是「壬戌」日，開始第一個時辰，就會排出「庚子」一時。此四柱八字排法，亦同時犯了，誤以為晚上十一時為一日的開始，用此依據，來作排出當日的時柱干支，但又認定立春日時辰是 2017-2-3 的「辛酉」日，這是非常矛盾的邏輯。

筆者繼大師認為第一個與第二個立春八字的排法，其爭論點，分別是：

（一）晚上十一時起為一天的開始。

（二）古代以一個時辰等於現代的兩小時，可分為「上子時」及「下子時」，以晚上十二時為一天的開始。

筆者繼大師認為其理據是：

在地球上不同位置上，其一天的開始，是地球環繞太陽而同時在自轉，太陽對着自轉的地球，地球軸心傾斜了 23.5 度（古時為 22.5 度），對着太陽的地球背面最正中間的地方那垂直而不見陽光的「經線」位置，就是零時零分。

相反，對着太陽的地球正面最正中間那垂直的「經線」那些位置，就是正午十二時零分。以地球見到太陽最中間的「經線」位置，在那一剎那間的時間剛到的位置，就是最正午的時候。

繼大師註：「經線」為地球上南北兩極的座標直線，「緯線」為地球上東西兩邊的橫線座標，稱為地球座標的「經緯線」。

筆者繼大師認為：

以立春日時辰在 2017-2-3 23:34 分，立春後 23:35 分的時辰八字，在三個立春的八字中，最正確的四柱八字為：

丁酉　年

壬寅　月

辛酉　日

庚子　時　（夜子時）

《本篇完》

後記

繼大師

擇日用事，來源已久，日法眾多而各師各法，正五行擇日法，筆者只見於胡暉著之**《選擇求真》〈內卷二〉——《造命格局》**，宋、吳景鸞國師在其**《選擇五行表》**一文內云：**「選擇之良。莫如造命。體用之妙。可奪神功。」**

「造命」即正五行擇日法，古人認為，人死歸土，選合佳期下葬，猶如亡人再生之命，而生人受生於自然，不能自我選取時間而生，但下葬亡者，日課可自行選擇，故名**《造命法》**。

試觀現今之擇日書籍眾多，筆者未曾見過一本專論「正五行擇日」古法之書，故於千禧年出版了《正五行擇日精義》一書，深獲各讀者喜歡，筆者繼大師甚覺榮幸，為了使正五行擇日造命古法得以延續，於是筆者再將擇日法，以初階、中階、進階、心法、高階等，重新將正五行擇日法再演繹一遍，使外行之讀者們亦能有所了解，若遇上擇日老師教授時，有了穩固的基礎，而能易於掌握，以致運用而能得心應手。

筆者祈望，有興趣此道者，能深入得其三昧，運用亦全憑心意而下功夫，取吉利天時，盡人事而應天命，若再加上地利，則天時、地利、人和皆得，定能造福於人；但與人擇日，是給人邀福，擇日師本身要有功德力、善功力，若自身能懂修練，當修出定力及念力出來時，替人擇日邀福，則是做善事功德，若將此道斂財騙色，則獲罪非輕，因果之報，絲毫不爽，與人賜福，是有「替代因果」在其中的，亦不可強而為之，要量力而為也。太上感應篇云：

「禍福無門。惟人自召。」

切記！切記！

繼大師寫於香港明性洞天
二〇〇五年歲次乙酉季春

正五行擇日教科書系列 — 正五行擇日精義高階 (附日課精解)

出版社 ： 榮光園文化中心 Wing Kwong Yuen Cultural Center
香港新界葵涌大連排道31-45號, 金基工業大廈12字樓D室
Flat D, 12/F, Gold King Industrial Building,
35-41 Tai Lin Pai Road, Kwai Chung, N.T., Hong Kong
電話 ： (852) 6850 1109
電郵 ： wingkwongyuen@gmail.com

發行 ： 香港聯合書刊物流有限公司 SUP Publishing Logistics (HK) Limited
地址 ： 香港新界大埔汀麗路36號中華商務印刷大廈3字樓
3/F, C&C Building, 36 Ting Lai Road, Tai Po, N.T., Hong Kong
電話 ： (852) 2150 2100
電郵 ： info@suplogistics.com.hk
印刷 ： 印象設計印刷有限公司
Idol Design & Printing Co. Ltd.
版次 ： 2018年5月 第一次版

ISBN 987-988-13442-6-7